ほんの1ミリの革命

21世紀を生き残りたい人のために

**ひよわな自分に
革命を
起こそう!!**

SEIGA MIZUSATO
水郷醒河

本の泉社

"You can be anything you want to be"
「あなたは、自分がなりたいと思うどんなものにだってなることができる」（映画の中の言葉）

◇読者のみなさんへ◇

ほんの1ミリの革命

ヒヨワな自分に革命を起こそう!!

「性格は変えるべきものだ」と思っています。

申し分のない性格に生まれついた人は、そのままでいいかもしれません。でも、世界一気が小さくて、世界一気の弱い性格に生まれついてしまった私は、変えないことには生きていけなかったのです。

『ママのいい子からの脱出』……それが、あなた自身にとっては最大のテーマかもしれません。

私の周りは、いいヤツだらけです。純粋で、心優しく、節度をわきまえた若者ばかりです。東日本大震災のときには、誰も彼もが募金に協力してくれました。

だけど、彼らは誰もヒヨワです。……かなり。ほんのちょっとしたことで激しく落ち込み、すぐに仕事をやめてしまいます。もちろん、人間関係も長つづきしません。打たれ弱く、傷つきやすい。そして、とてもワガママ。そのくせに、プライドだけは超一流。

世の中の情勢がいっそう厳しくなったり、外国人との共存社会になったときには真っ先に吹っ飛ばされて、社会というステージから転落してしまう可能性が大です。

はっきり言います。あなたがそうなったのは、あなた自身のせいではありません。そうなるように育てられ、そうなるような教育を受けてきたからです。

でも、だからと言って、他人を恨んでも何も変わりません。他人のせいにしても、自分が傷つくだけです。何一つ改善しないばかりか、よけいに悪い方向に落っこちていくでしょう。

ですから、あなた自身がガンバるしかありません。歯を食いしばって今の自分から脱出しようと努力するしかないのです。
人間は誰でも自分の責任で生きていかなければなりません。
それが、人間という生き物のルールです。

ツラかろうが、キツかろうが、あなた自身がガンバって、自分自身を変えるしかないのです。

エッ!?　性格は変えられるのか!?　ですって?

変えられますよ!
少なくとも、シツケや教育のせいで形作られた部分ならば、変えられるはずです。
私は変えてきました。変えなければ、生きていけなかったからです。

そして、ある程度は変わったと思っています。今も、変えようと努力しています。

これから先も、変えたいと思っています。
私は、自分の性格にちっとも満足していません。

当たり前のことを言うようですが、
〝自分の人生は、自分自身の力で切り開いていくしかないのです！〟

２０１５・６月　水郷醒河

目次

目次

はじめに

この本は、最初から順番に読む必要はありません。

あなたが**読みたいと思ったところから**読んでください。

もちろん、最初から順番に読んでいただいた方が良いにきまっています。

ですが、あなたは忙しい人かもしれませんし、読む必要がないと思う箇所があるかもしれません。

そう。ここには、けっこう**当たり前だ**と思うようなことも書かれています。でも、**バカにしないでください。**

意外に、人は当たり前のことをナイガシロにしています。そして、そういうことほど、実は**生きる上では大事**であることが多いのです。


たとえば、息をすることです。

ひょっとすると、あなたは息をすることを忘れているのかもしれません。

そんな簡単で基本的なことをオロソカにしていることで、あなたは生きることが苦しいと感じている可能性だってあるのです。

人生にとって、**当たり前で基本的なことほど、大事**であることはまちがいありません。

土台を固めないで、屋根を葺《ふ》くことばかりに気を取られていても、家は永久に完成しません。

青い鳥は、足元にいることが多いのです。

そんな当たり前のことに気づいてもらえたら幸いです。

まえおき

「塾で勉強するヒマがあったら、部活するか外で遊べ！」

と、20年間、言いつづけてきました。

生徒たちからは、ヘンな先生と言われました。

そこに来る子どもたちは、とてもマジメな優等生ばかりでした。市内でも成績トップの小中学生たちでした。

大人たちから見れば〝言うことなし〟のとても〝いい子〟だらけの集団でした。

でも、そこで私はやがて教育が崩壊するだろうことに気づきました。

彼らのやっている勉強の量が、子どもの許容量をはるかに越えていたからです。

〝不自然なことをやっていれば、いつかはかならず破綻《はたん》が起きる〟……それが、**自然界の鉄則**です。

どんなにガンバったところで、人間は自然の摂理《せつり》から抜け出すことはできません。

いや、抜け出そうとすればするほど、**自壊リスクは高まるばかり**です。

予測通りに、イジメ、不登校、ヒキコモリ、子どもの暴発、普通の若者による残虐事件の多発、高等教育レベルの低下、教育現場の混乱……等々。数々の問題が発生してきました。

そこで、私はフリースクールをつくりました。不自然な教育によって押し出されてしまった子どものための居場所です。

そこに来る子どもたちも、また〝マジメ〟で〝いい子〟たちばかりでした。

〝ママのいい子からの脱出〟……それが、彼らに共通した課題であることを痛感しました。

私自身について

「自分を変えたい！」

と、つねに考えてきました。


18才まで、私は世界でいちばん気が弱くて、世界でいちばん気の小さい人間だと思い込んで生きていました。

なぜ〝いちばん〟と思っていたかというと、私より気が弱くて、私より気が小さかったならば、一瞬たりともこの世界に存在していることなどできるはずがないと考えていたからです。


そんな自分を変えたかったのです。

だから、イロイロなことをやってみることにしました。

まず、行く気もなかった高校では、演劇部をつくって演劇なるものにチャレンジしてみました。

幼い頃から、ひと一倍〝人見知り〟でした。知らない人には顔を見せることすら恥ずかしくてなりませんでした。常に、母親の背後に隠れて、そこから出ることのできない子どもだったのです。

だから目立つことが大嫌いでした。

幼稚園は、お遊戯をするのが恥ずかしくてたったの15分で中退してしまいました。まさにタモリ氏といっしょ。みんなが「ギンギンギラギラ……」というあれをやっていたのです。とても自分には無理だと思いました。

小学校は行くには行きましたが、2年生までは自分のイスから離れられませんでした。トイレに行くのもガマンしました。

動けば、他人に見られると思ったのです。たとえ答えが分かっていても、手を挙げたりはしませんでした。音楽の時間に一人一人歌わせられた時も、立ち上がることさえ出来ませんでした。

そんな子どもでしたから、舞台に立つなどということは恐ろしくてとても出来そうにもありませんでした。

だけど、チャレンジしました。脚が震えました。声を出すことすら出来ませんでした。

私のはじめてのチャレンジは、モノの見事に**大失敗**に終わりました。仲間たちにも迷惑をかけてしまいました。

親しくしていた国語科の先生に、何度も頼んでやっと顧問を引き受けてもらったのですが、一年間、口を利いてくれなくなってしまいました。

しかし、そんなことでメゲていては、自己改革などできるはずがありません。そこから私は、様々な挑戦をはじめました。

一人旅もやってみることにしました。しかも、思い切って外国へ。

だから、半年間はバイトに明け暮れました。デパートでは、残業のある部所を選択しました。午後10時を過ぎれば、時間給が50%増しになるのです。朝8時半から深夜12時半まで。終電ギリギリまで粘って仕事をして、ひと月間で20万円を稼ぎました。大卒初任給が10万円とちょっとの時代のことでした。

はじめて行ったアメリカでは、まったく英語を聞き取ることができませんでした。

単調な音楽にしか聞こえませんでした。
だけど、なんとかひと月間を過ごすことができました。ほんの少しだけ、自信は持てたかもしれません。

その後にも、様々な仕事に手を出しました。自分には向いていないと思われる仕事も、とりあえずやってみることにしました。その結果、肉体労働や営業マンは、とても務まらないことが分かりました。

50才を過ぎた今も、自分を変えたいと日々考えています。だから、怖くて仕方ないナンパにもチャレンジしています。
もちろん結果は、大惨敗ですが（笑）。

第1章　【自分の中に革命を起こそう！】

①「小さなチャレンジ」

「この一歩は小さな一歩だけれど、人類にとっては大きな飛躍である」……ニール・アームストロング。アポロ11号ではじめて月面に降り立った男の言葉です。

小さなチャレンジからはじめればいいと思います。

そして、そこからしか道は開けないと思います。

何でもいいから、**とにかくはじめることです**。

○いつもよりほんの心持ちハデ目の服を着てみる。
○いつもとちがったメイクにチャレンジしてみる。
○誰も食べたことのないような、ヘンテコな味の料理をつくってみる。
○歩くときの歩幅をほんのちょっとだけ大きめにしてみる。
○行動半径を、ほんのちょっとだけ広めてみる。
○はじめて一人で映画館に入ってみる……

小さな一歩が、人生をガラリと変えることがあるのです。
何でもいい。とにかく一歩を踏み出すことです。

そこからしか、全ては始まりません。

ちなみに、私は中学校の卒業式の後に、ふらりとリバイバル映画の上映館に入ってみたことによって、人生がガラリと変わってしまいました。

そのとき上映されていた「卒業」という映画を観て、**〝これしかない！〟**と思ったのです。

そこには、美術、音楽、国語……。私の得意分野のものが全て集約されていました。

映画館には、それまで何度も行ったことがあったのですが、母親や友人に誘われてのことでした。

人生の中で、はじめて自分の意志で入った映画館で、その後の私の生き方は決まってしまったのです。

もしも、あの時、そうしなかったならば……

もしも、私が自宅と学校の行き帰りだけの生活をつづけていたならば……

今の多くの若者たちと同様、生き方の定まらない生き方をしていたかもしれません。

②「弱くなる一方の日本人」

日本人が、弱くなっていっていると感じます。

ひ弱さの極限域にあるとさえ感じられます。

こんなことでは、とても今後の日本社会を維持できないと思うのです。

もともと精神的に強い人が多くはないと感じてきました。

なぜなら、良くない予測を受け入れようとしないからです。

前方の危機から目を背けようとする人が少なくありません。

自分の非を認めることができない人も数多く見られます。

われわれ日本人が「危機感がない」とか「平和ボケしている」とか言われるのは、他の国と地続きの国境がないという地理的条件の他に、将来のマイナス要因に対するストレスから逃れたいという意識が働くからではないでしょうか。

そもそも「ヨワい！」と言っただけで、顔を背け、それを認めようとしません。そのこと自体が、精神的な弱さを証明しているようなものでしょう。

奇異に聞こえるかもしれませんが、**「自分は弱い！」と言い切れる人の方が、実際には強い**のだと、私は考えています。

それは、ソクラテスが「自分自身の無知を知れ」と言ったことと似ているような気がします。賢い人であればあるほど、自分の無知を自覚しているものだと思います。

同様に、人間は完全無欠の神ではないのですから、どんな人間にも弱さというものがあります。

そのことを真正面から見据えて肯定できる者こそが、真の強さを手に入れる可能性を持った者と言うことができるのではないでしょうか。

そして、さらにひ弱さの程度が年ごとに大きくなっていっているように見えます。この数年来は、ほんとうにヒドいと感じます。

いったいどんな育て方をすれば、こんなにひ弱な人間に育つのか？　と不思議に思うほどです。

ほんのひと言で激しく落ち込んだり、たったひとつ気に入らない言葉を言われただけで、半永久的に縁を切ってしまう若者たちを大ぜい知っています。

当然、恋愛関係も結婚生活もつづきませんし、仕事もすぐにやめてしまいます。

そんなことで、過酷な人生を生き抜いていけるのだろうか？　と心配になりますし、これから先にこの社会を維持していくことなど出来るはずがないと思わないわけにはいきません。

だから、この本を書いたのです。

③「生存競争に勝ち抜く」

「21世紀は生存競争の世の中になる」

……年ごとに透明度が失われていく海を見ながら、私たちダイビング仲間は、まだバブル経済がはじまる前から語り合っていました。

80年代。第1次オイルショック、第2次オイルショックと、二つのエネルギー危機をくぐり抜けて、さあ今から経済を立て直すぞ！　という雰囲気の時でした。

海に潜《もぐ》って自然と接していると、その変化に敏感になります。自然の変化は、自然に起こったわけではありません。ほとんどは人間がやったことです。

自然の変化を見ていれば、人間がどのように動いているのかが見えてくるのです。

わが国では少子化傾向のことが心配されています。たしかにそれは由々しき問題です。消費者数が減り、税収も落ち込みます。労働人口も足りなくなります。近い将来に、国の体裁を維持できなくなる可能性があるでしょう。

しかし、世界に目を向けてみると、そこでは人口爆発が、地球人類に差し迫った大問題になっています。

一年に一億人近くの人口が、増えつづけているのです。

地球のどこかに、日本と同じ規模の国が毎年生まれていると言えば分かりやすいでしょう。

一日では、約27万人。茨木市や下関市と同クラスの都市が、毎日新しく出現しているということでもあります。

人口が増えれば、食糧も足りなくなり、水不足もおこります。

酸素消費量も増えれば、二酸化炭素の排出量も増えつづけます。地球温暖化が加速することは必定です。

おまけに砂漠化の進行で、世界の耕地面積は減少していっています。

要するに、刻々と人間の生活環境が過酷になっていくということです。

その煽《あお》りを受けて、一方では一年に1500万人以上の人々が餓死しています。東京ドームが満員になったときとほぼ同じ人数の4万人強の人々が、毎日飢え死にしているのです。**毎日**です。

一時間に約１７００人。一分間で28人。普通の人が一回マバタキをする間に、この地球上のどこかで誰かが、食べ物がなくて死んでいっているのです。

もはや世界人口は70億人を突破しています。そのうち、食事を三度とることのできるのは、約二割に過ぎないそうです。

あなたは、食べるものがなくて死んでいくという状況を想像できますか？

ご飯をちゃんと食べられるだけでも恵まれているのです！

わが国は、今のところ世界第三位のＧＤＰ（国内総生産量）を保っています。それにより、世界中から食糧をかき集めることが可能になっているわけです。

ですから、食糧に対する危機感は、ほとんどの人が持っていないかもしれません。

しかし、危機は目前に迫っています。……こんなことを言っただけで、目を背ける人がいるかもしれません。

それこそが弱さです。**逃げないで現実をみつめてください。**

かならずその日はやってきます。なぜならばひ弱な若者たちだけでは、とても今の経済レベルを維持していくことなんて無理だからです。

しかも、アジア諸国をはじめ発展途上国と呼ばれている国の人々はやる気満々で、それらの国々の経済レベルが上がってくれば、これまでのように食糧は私たちにまわってこなくなる可能性が高まります。

あなたも、あなたの家族も、ご飯が食べられないという状況に陥るかもしれません。

そうならないためにも、若者たちにはガンバってほしいと思います。**人間力を上げて、一人一人がもっと打たれ強くなる必要がある**のだと思います。

第2章　【ほんの1ミリの革命】（実践編）

WARMING UP「とりあえず立ち上がろう！」

若い頃、つぎつぎに挫折をくり返して、すっかり自信を失ってしまったことがありました。

誰とも会いたくなくなり、一人暮らしのアパートの部屋にヒキコモってしまいました。

そして、日夜同じことを考えては、解決方法は〝死ぬしかない〟というマイナス・スパイラルから抜け出せなくなってしまったのです。

「自殺のススメ」という本を購入し、自らの命を断つ方法についてあれこれと考えました。

そんなある日のことでした。すぐ間近で飛び込み自殺を見てしまいました。

ほんの十数メートルの距離でした。私の上手に立っていた作業服姿の男性の体が唐突にフワリと空中に浮いたのです。

いったい何が起こったのか、つかの間わけが分からなくなりました。

次の瞬間、滑り込んできた電車の前面に、その体がぶつかったのです。

〝ドウン〟という鈍《にぶ》い響きを残して、男性の体は、電車の下方にゆっくりと滑り落ちていきました。


それから一週間は、そのおぞましい響きが、頭の中から離れなくなってしまいました。

元来が臆病な私は、とても自殺なんてできないと思いました。

要するに、生きるに生きられず、死ぬにも死ねない**ドンヅマリ**の状態に陥ったのです。

どうしようもなくなった私は、ただアパートの一室に座りつづけるしかありませんでした。

外に出る勇気もなく、何かを食べる意欲もなくなりました。息をすることさえ苦痛に感じられたほどです。

長い苦悩の後に気づいたことは、**とりあえず立ち上がってみるしかない**という単純な道理でした。そうすることしか、当時の私に出来ることはなさそうでした。

なんとか立ち上がり、シンクまでたどり着いて水を飲みました。そして、サンダルを引っかけてとりあえず外に出ました。

どこにも行く当てなんかなんかありませんでした。でも、とにかく外に出ました。


あまり清浄とは言えない東京の空気を吸い込んで、できるかぎり深い呼吸をしました。恐る恐るでした。

息をするだけなのに、大変な労働のように感じました。

自分の体の中に、久しぶりに空気が流れ込んできたみたいな気がしたものでした。


それから、とりあえず一歩を踏み出しました。行き先を考える余裕などはありませんでした。

とりあえず、どこへともなく歩きはじめました。

ただ歩いて、歩けるところまで行ってみようと思いました。

たったそれだけ。他には何も考えられませんでした。

どのくらい歩いたかは分かりませんが、歩くうちにほんの少しだけ、思考が前に進みはじめました。

〝息をするのも苦しい今の状態をなんとかするためには、どうすればよいのか？〟

……そんなふうに１ミリずつ、自分の置かれた状況を客観的に見ることができるようになっていったのです。

とりあえず立ち上がりましょう！

そして、とりあえず、一歩を踏み出しましょう！

方向はどっちだっていいのです。目的なんてなくてもいいのです。

とにかく一歩を踏み出しましょう！

STEP1「とにかく声を出そう」

小さな1歩から革命を起こしていきましょう！

旧約聖書では「全てのはじまりは、闇の中に光をつくったことにある」となっています。
人の心に巣食った闇の中で〝光〟とは何でしょうか？　……すべてのはじまりは「まず声を出すことにあるのではないか」と思うのです。立ち上がることのできた人は、心に光を灯すことからはじめましょう！

まず、声を出すことです。
声を出すことは、たしかにメンドクサイかもしれません。
起きぬけなどは、私でもそうです。
しゃべりたくない。話したくない。
ちょっとしたウツ状態になります。

でも、声を出すだけで人生が開けることがあるのです。

私自身がそうでした。
小学2年生まで、私はしゃべりませんでした。

休み時間はもとより、授業中に先生に当てられたときでも、たとえ答えが分かっているときでさえ、何もしゃべりませんでした。

いや、しゃべることができなかったのです。恥ずかしいという気持ちが大きかったような気がします。

クラスメートたちから〝オトナシイ〟と思われていた私は、それゆえにバカにされていました。他のみんなからイジメられていた子からイジメを受けるほどの立場でした。

しかし、声を出せるようになってからは、周りの人間たちの反応がガラリと変わってしまいました。

それまではイジメっ子だけしか近寄ってこなかったのに、そいつらは急に遠ざかって行き、それまで相手にしてくれなかったクラスメートたちが話しかけてくれるようになりました。

たぶん、暗い人間という印象を持たれていたものが、明るいイメージを持ってもらえるようになったからではないでしょうか。

人間は、ほんのちょっとしたことで、まったく違う印象に変わってしまうものです。

STEP2「大きな声を出そう!」

まず声を出すことが、人生を変えるためのファーストステップだとするならば、つぎのステップは、その声をちょっとでもいいからスケールアップ＝ボリュームアップすることです。

専門学校に呼ばれました。演劇を教えてほしいというのです。福祉科でした。なぜ、福祉科に演劇を?　と不可解に思いながらも引き受けることにしました。

講義初日。学校の長い廊下を歩いていました。

向こうから、タテもヨコもデカい若者がやってきました。まるでプロレスラーです。おそらく185センチ。100キロはありそうでした。マッキンキンの金髪に、大きなピアスが左右に3つ。身長で20センチ。体重で40キロほどは差があったでしょう。

ここでナメラレたら示しがつかぬと思いました。ですから、できるだけ大きな声で言いました。

「オハヨウ!!」と。

「……」

すると、マッキンキンのプロレスラーはちょっとだけ頭を傾けながら、なにごとかをつぶやきました。でも、聞き取れません。

どうやら〝オハヨウゴザイマス〟と言っているらしいのです。

その瞬間に、私は理解しました。自分がそこに呼ばれた理由を。

そんなことでは、社会に出て働けないばかりか、就職試験の際の面接にも受からないでしょう。

声の極端に小さな人が増えています。まるで、声を出すのはエネルギーの無駄づかいだと考えているようにさえ見えます。

大きな声を出すことが怖いのかもしれませんね。

あなたは肺の中にたくさんの空気を吸い込むコツを知っていますか？

歌を歌ったり、舞台でセリフをしゃべったりする場合に、シロウトの人たちは、まず思い切り空気を吸い込もうとします。


でも、それはまちがい。逆なのです。

たくさんの空気を吸い込みたければ、まずたくさんの空気を吐き出す必要があります。

一度、肺にたまった空気を吐き出してしまってから、空気を吸い込むようにする。

その方が、肺の中によりたくさんの空気を溜め込むことができるのです。


ふうーっと息を吐き出します。

でも、それだけでは足りません。もっと吐けるはずです。気合いを入れて最後の一息（スプーン一杯分）を吐き出すのです。

すると、肺の中が空っぽになります。それから、少しずつ。徐々に吸い込むようにしてみてください！

きっと、息が長くもつようになるはずです。

私は、舞台に上がる前や、海に潜る直前には、かならずこれをやっていました。

そうすることで、心も落ち着いてくるから不思議です。

〝空気は吐き出せば吐き出すほど、たくさん入ってくる〟ようになります。


声もこれといっしょです。

〝声は出せば出すほど、エネルギーが体の中に入ってくるようになります〟

元気になるための小さなコツは、**出来るだけ大きな声を出す**ことだと思います。

ためしに周りを見まわしてみてください。声の大きな人ほど、元気であることが多いという事実に気づくはずです。

STEP3「アイサツしよう！」

若い頃に、カリフォルニア州にある３つの大学と、アリゾナ州にある１つの大学を訪問したことがあります。

私がキャンパスに入っていくと、すれ違うほぼすべての学生がアイサツをしてくれたものです。4つの大学とも全部でした。

“Hello!”“Hi!”“How are you?”

これは大学の中だけではなくて、スーパーマーケットやデパートの中でもそうでした。

“I'm sorry”“Excuse me”など、ことあるごとに声を掛けてくれます。

私たちは、学生の頃はもちろん、社会人になってからも、アイサツにはうるさく言われました。アイサツを忘れただけで、私は今までの人生の中で、四度も先輩に呼び出しをくらったことがあります。

繁華街を歩くときには、けっこう緊張したものです。先輩より先に見つけ出してアイサツしなければ、後で何を言われるか分かったものではありませんでした。

ところが、今の若い人たちの多くはアイサツしません。若者だけでなく、40代、50

代の人たちまで何も言わない人が増えています。

あたかも声を出すと幸運が逃げていくとでも思っているかのように、日本人たちは声を発さなくなりました。

こんなこともありました。スリランカからモルディブへ行く飛行機の中。客室乗務員が飲み物のサービスをするために機内をまわってきました。

バブル期の直後ぐらいで、ほとんどが日本人客でした。

日本人たちは口々に小声で言いました。

「コーヒー」「ティー」「オレンジジュース」などと、ひと言だけ。やっと乗務員に聞き取れる声で。私もまた「コーヒー」とだけ告げました。

ところが、いちばん前の座席に座っていたアメリカ人らしき大柄の男性が、機内中の人間に聞こえるように、わざとらしく言ったのです。

〝**Coffee, please!**〟と。

私たち日本人は、昔は、礼儀作法にうるさく言われたものです。世界でも、もっとも礼儀にこだわる民族であったはずです。

それなのに、アメリカ人から注意をうながされるほどに情けない状況に立ち至って

しまいました

日本人たちが、このようなテイタラクになった理由は二つあると思います。

一つは、親や先輩にうるさく指導されないようになったから。アイサツが習慣化されていないのです。

もう一つの理由は、ウツかそれに近い状態になっているからではないでしょうか。

最近の日本人はほんとうに元気がありません。はっきり言って〝暗い〟と感じます。背中を丸めて歩いている大人が目立ちますし、目に輝きがありません。まるで、顔の中央に空いた暗い空洞のように見えることが少なくありません。

インドやスリランカで見た路上生活者の目つきよりも、いっそう暗いのではないかと思えるほどです。

元気のない人間に、元気を出しなさい！ などと言っても、なかなか難しいでしょう。

そこで、提案したいのです。

〝声を出しましょう！〟

まず何よりも、アイサツすることからはじめたらいいのではないでしょうか。

誰でもいいから、出会った人にできるだけ大きな声で**「こんにちは！」「おはようございます！」**と声をかけるように心がけましょう。

それだけでも、かなり気持ちが明るくなれると思います。

そう、アイサツは他人に対する礼儀であると同時に、自分自身に対する叱咤激励（しったげきれい）のかけ声でもあるのです。

それは、知り合いに対してでもいいし、見知らぬ人に対してだっていいのです。

アイサツされて悪く思う人はいないでしょうし、いきなり殴りかかられるということもないでしょう。

STEP４「とにかく外に出よう！」

家の中にいたがる人が増えました。

それは、子どものときに外で遊ぶ習慣を持たなかったことが大きく影響しているかもしれません。

私自身、８才までは家の中ばかりにいました。その頃は、たしかに外で遊ぶより、家の中で一人で遊ぶ方が心地よいと感じていました。

しかし、それ以後に外で遊ぶことを覚えてからは、家の中にいることを苦痛に感じるようになりました。

自分自身の経験から、やっぱり外で遊んだ方がいいと考えています。

それまで私は虚弱体質でした。一年の半分以上を寝て過ごしていました。学校の出席日数は、完全に基準に達していませんでした。

規定どおりなら、進級は不可能だったはずです。おなさけで上の学年に上げてもらっていたわけです。

しかし、外で遊ぶようになってからは、まったくカゼもひかなくなりました。それ以前は病院にいる時間と自宅にいる時間とは、どちらが長いのか分からないくらい医者の世話になっていました。

けれど、小学3年生の時から今までは、怪我をした時に二度、レントゲンを撮影してもらっただけで、他はいっさい医者にかかっていません。

2年生までは、クラスの誰かがカゼをひいたり麻疹《はしか》になったりオタフクカゼをもらったりした時には、真っ先に私が罹患《りかん》していました。

ところが3年生からは、どれだけインフルエンザが流行ろうが、どれだけ薄着をして寝ようが、全く病気というものと無縁になりました。

免疫力が、格段に向上したのだと思います。

外を駆けずりまわる効能は、他にもあります。こちらの方が重要であるかもしれません。

性格が変わったのです。

2年生まで、私は母親の影から出られないほど気が小さくて恥ずかしがり屋で、何事につけ消極的な子どもでした。

なんせイスから立ち上がる勇気さえなかったのですから。

しかし、3年生以降は、ほんの少しだけ積極的な性格に変わりました。

体が丈夫になると共に、声が大きくなりました。声がデカいというだけで、イジメっ子たちが近寄って来なくなりました。

たったそれだけのことで、クラスメートたちの私を見る目が180度変化したのです。

中身は何も変わっていないつもりなのに、それまでバカにされていたのが、逆に一目置かれるようになりました。

自分でも、それがなぜなのか、不思議な気がしたものでした。

さらに、以前は答えが分かっていても手を挙げられなかったのに、たとえ答えが分かっていなくても、手を挙げられるようにさえなりました。

先生に当てられれば、なんとかなるだろうという楽天的な考え方ができるようになっていたのです。

〝外で遊ぶようになった〟……たった、それだけのことです。

今も、出来るだけ外に出るように心がけています。

私は何事につけ考え込む性格なので、家の中でじっとして考えていると、マイナス方向へ考え方が行ってしまいがちです。

しかも、同じところをグルグルとまわってばかりで、思考のデフレスパイラルから脱出できなくなってしまいます。

ですから、極力動きまわります。何かを考える時には、歩きまわったり、とにかく移動しながら考えるようにしています。

そうすると、思考も前へ動きはじめます。ジッとしている時よりも、はるかに建設的な思考が可能になるのです。

〝外へ出ましょう！〟

とにかく、外へ出よう！

そんな小さなことで、人生が前へ進みはじめるかもしれないのです。

STEP5「堂々としたフリをしよう！」

背中の丸まっている人が目に付きます。

若い人だけでなく、年配の人たちにも増えています。

うつ病を患っている人は、どうしてもそうなってしまいがちです。

そして、目つきが暗い。顔もうつむき加減です。

さらに、歩幅も小さい。ちょこまかと、いかにも小心者の様相を呈しています。

これでは他人からバカにされても仕方がありません。カツアゲするには、もってこいの標的でしかないでしょう。


姿勢が悪ければ、大きな声を出すこともできません。

ましてや、異性からモテるはずもありません。


姿勢を変えましょう！

背中を真っすぐに伸ばし、胸を張って、正面を見据えるようにしましょう。そして、歩幅を出来るだけ大きく取るように心がけましょう。アゴは引き気味にすることを忘れずに。

たとえ目標なんか持っていなくても、あたかも目標を持った人間であるかのような目つきをしてみましょう。

たったそれだけで、堂々とした雰囲気に変わります。

試しに、ちょっとやってみてください。

なんとなく、自信が湧いてくる気がしませんか？

中身が外見から変わってくるということは、ありがちなことです。

毎日毎日、そんなフリをつづけていくうちに、ほんとうに自信がついて、目標が見えてくるかもしれません。

私の友人に、つねに堂々としている男がいました。

彼は、高校2年生の時に、他県から転校してきました。そして、私のいるクラスに編入されたのです。

普通、転校生はイジメられるものと相場が決まっていました。

それは、朝のホームルームの時間でした。担任が、簡単に彼の名前と他県の高校から移ってきた旨のことを紹介し、空いている席に座るように彼を促《うなが》しました。

担任は、いつものように偏差値やら他校との点数の比較やらのつまらない話をしはじめました。その時でした。

突然、彼が手を挙げたのです。

担任は、何ごとか？　という顔をしました。

担任が戸惑っている間に、彼は勝手に立ち上がり、自己紹介をはじめてしまいました。たしか、こんな内容だったと思います。


「こんにちは、みなさん。はじめまして。ボクは隣の県から引っ越してきたKです。今日から、皆さんのクラスメートになります。

ボクは、この学校でガンバって勉強して、医学部に行きます。そして、医者の免許を取って、卒業したら、会社をつくりたいと思います。

30才ぐらいまでは、経営者として働いて会社を大きくして、金もうけをします。30才になったら、その金を元手にして立候補します。政治家になるのです。政治家になって、この国をもっといい国に作り変えたいと思います。

ですから、みなさん。その時は、どうかよろしくお願いします！」

と、そんな内容のことを大きな声で言い放ち、みんなに向かって深々と頭を下げて腰を下ろしました。

クラスの連中は、はじめは〝なんだ！　こいつは？〟という表情で眺めていました。演説の内容は単純でした。辻褄《つじつま》の合わないところもありました。

だけど、そこまで明快に人生設計を考えている人間を、私は初めて見ました。

いや、それだけでない。何よりも、見も知らぬ大勢の人間の前で、そんなに堂々と自己主張できる人間には出遭ったことがありませんでした。

クラスの中には、後にやくざの組長になる男もいたのですが、演説が終わる頃には、みんなから一目置かれる存在に変化を遂げていたのでした。

〝出るクイは打たれるけれども、出すぎたクイは打たれない〟の言を地でいく態度でした。

演技だったのかもしれませんが、**自信に満ちた大胆不敵《だいたんふてき》とも言える彼の態度**に、私も他のみんなも圧倒されてしまったのです。

その後、転校生にもかかわらず、全員一致で推されてクラス委員に就任したのですが、私にとっては、人生の中ではじめて尊敬できる人物に遭遇《そうぐう》した思いでした。

それまで、私は片方だけの人間しか見たことがありませんでした。すなわち、勉強を必死にやるだけの優等生か、ケンカとナンパに明け暮れるだけの不良かの、どちらか一方に偏《かたよ》った生徒ばかりだったのです。

さもなければ、私のように、そのどちらも中途半端な普通の生徒であるかでした。両方ともに兼ね備えた人間に遭ったのは、初めてのことでした。

彼は、ケンカこそしなかったものの、その他のありとあらゆる面を持っていました。授業をマジメに受け、努力もするけれど、ナンパもやり、高校生の分際で風俗店に出入りし、競馬場に馬券を買いに行ったりもしていました。そして、もちろん美人の彼女もいたのです。胴長・短足のオジサン体形。顔はお世辞にもハンサムとは言えませんでした。

彼は言いました。

「世の中にあるものは、若い内にひと通り何でも経験しておいた方がいいだろう⁉」

私は、彼に興味を持ちました。そんなことを言い、そして実際に行動できる人間を、それまで知りませんでした。

彼との付き合いの中でイロイロと分かってきたことは、彼は、小学3年生まで、ひと一倍気の小さな子どもだったという事実でした。

週替わりの給食当番になると、教室の前方にある教卓に座り、みんなの前で食べなければなりません。

そのときに、彼は緊張のあまりに、嘔吐《おうと》してしまったことがあると言うのです。

私も、気の弱い子どもでしたけれども、そこまで緊張するということはありませんでした。

3年生までの彼は、あきらかに私よりもデリケートでヒヨワな子どもであったわけです。驚きました。ショックを受けました。

彼が変わったキッカケは、実は彼自身の病気にありました。

彼は、3年生のときに、心臓に穴の空く病気にかかったのです。県内の10軒以上の病院にかかった挙げ句に、どの医者からも、最長で18才までの命であると宣告されたということでした。

もちろん、当初は彼も落ち込み、悩み、苦しんだようです。自ら命を断ってしまうことを何度も考えたのだと言います。

でも、ある日気がつきました。クヨクヨと悩んでも、結果は同じだということに。

そして、思いました。

〝どうせ18才までの命だったら、やりたいことを全てやって燃え尽きよう!〟と。

彼は、しかし、死にませんでした。

その後に獣医学部に入り25才で独立し会社を作り、27才で結婚して300坪の家を手に入れ、3人の子どもをもうけました。

とうとう政治の世界に打って出ることはできませんでしたが、自分の人生を全速力で走り抜けて、50才過ぎまで生きたのです。

開き直りに近い積極《せっきょく》果敢《かかん》な姿勢が、彼をそこまで生きながらえさせたのではないか、と私は考えています。

彼は、どんなに窮地《きゅうち》に追い込まれた時にも、つねに堂々としていて、何ごとに対しても全力投球でした。

どんな場面でも臆《おく》することなく、たとえ数百人規模の集会であっても、自発的に立ち上がり、会場中に響きわたるはっきりとした声で自分の意見を主張しました。

私がナンパというものにチャレンジするようになったのも、彼の影響でした。

こんなことを言われたことがありました。それは、彼の車の助手席に座っているときのことでした。

50メートルほど前方の歩道を歩いている髪の長い女性を目にして、私はつぶやきました。

「スタイルのいい女性だなあ」

それを耳にした彼は、即座にスピードをゆるめて女性の真横に車をつけました。そして、助手席側のウインドウを半分ほど下ろしました。

〝声をかけろ！〟と言うのです。

突然のことにうろたえ、声を発することすらできない私に、彼はこう言いました。

「ここで声をかけられるかどうかで、将来が大きく変わるんだよな～……」

そして、再びアクセルペダルを踏み込んだのです。

ほんの数分間の沈黙の中で〝おまえは勇気のないダメなヤツだな～！〟と軽蔑《けいべつ》されているようで、居心地の悪さを感じたものでした。

私は、今でも、その言葉が耳から離れません。


彼から学んだことは数多くあります。

その中でも、私にとってもっとも大きなことは〝**人間は、本気で変わろうとすれば、変わることができるのだ**〟という事実でした。

ＳＴＥＰ６「とりあえずの目標を持とう！」

夢のない人が増えています。目標のない人も多く見られます。

人にとって、ことさらに男にとっては目標が必要だと思います。

女性の場合、女性としてこの世に生まれてきた瞬間から〝子どもを産み、育てる〟という人生の大目標が付与されています（それを目標にしていない人もいるでしょうが）。


しかし、男にはそれがありません。子どもを産み・育てることは目標にはなりきれないのではないでしょうか。

だから、自分で探す必要があります。

むしろ、今は、女性の方に明確なビジョンを持っている人が多く、男性の中に何らも見いだせないで人生を漂っているだけの者が多いように見受けられます。


夢や目標を見つけることは簡単ではないと思います。私もそれで苦労してきました。

コンプレックスにさえなっていたくらいでした。

毎年、学年が上がり新しいクラスになるたびに、担任から紙片がまわってきました。

①「何のために勉強しているのか？」

②「将来、何になりたいのか？」

について答えろ！　というのです。

クラスのみんなは、誰もがスラスラと書き込んでいました。

②に関して言えば、小学生のときは、おおよそ〝プロ野球選手〟〝科学者〟〝総理大臣〟のどれかでした。女子の場合は〝お嫁さん〟〝ピアノの先生〟〝花屋さん〟が多かったと思います。

小1から中3まで、私は白紙解答でした。私だけが白紙だったようです。

まず、勉強しようと思ったことがないから、①については解答のしようがありません。②の、将来何を目ざすべきなのかなどは、分かるはずがありませんでした。

なぜならば、世の中にいったいどんな職業が存在しているのか、当時の私はほとんど知りませんでしたし、自分がいったい何に向いているのかも分からなかったからです。

スラスラと答えられる他のクラスメートたちはスゴい！と、ひたすら感心するしかありませんでした。

その上に、たまに家に帰ってくる親父にも、その都度に責められていました。曰く。

「オレは小学1年の時には将来の職業を決めていた。**おまえは中学生にもなってまだ決められんのか⁉**」などと。


だから、中学の卒業式の後に観た〝卒業〟という映画により目標が見つかったことで、ホッと肩の荷が降りたような気がしたものでした。

目標が見つかったことにより、はじめて生き方の方向性を持つことができたのです。

もっとはっきり言えば〝**生きる意味が見つかった**〟と言っていいかもしれません。

目標とは、私にとっては自分自身の〝**存在証明**〟であり、〝**存在意義**〟でもあります。


だから、それを見失ったときには、自分の生きる意味を見失うことにもなってしまいかねません。

実際に、そんなことが何度かありました。

映画の道を挫折《ざせつ》した後がそうでした。

また、入試に落ちて、劇団の入団試験にもしくじって、さらに好きな女性にフラレるということが重なった時も同様でした。

生きる意味が分からなくなり、真剣に自殺することを考えました。

あるいは、何もすることがなく蕭蕭《しょうしょう》と降る雨をぼんやりと眺めているうちに、なんとなく死にたくなってしまったこともありました。

そんなときには、どうやって切り抜けてきたか？

……とりあえず、何でもいいから目標をつくったのです。

人生をかけて目ざしてきた目標を失った後に、すぐさま他の目標が見つかるなんてことは、普通ではあり得ません。人生の目標を見つけるなんて、そんなに簡単なことではないのです。

だから、とりあえずの目標を探すしかありません。**仮の目標**でいいのです。

映画の道を挫折した後は、とりあえず写真家をめざすことにしました。

失敗が重なった時には、雑貨屋を開こうと考えました。

雨を見ている内に死にたい気持ちになった時は、すぐさま近くにあった公衆電話に飛びついて、行きつけの画廊喫茶に個展の予約を入れたものです。

半年先を予約したことによって、とりあえずそこまでは生きる理由をつくれましたし、生きる責任も発生したことになったのですから。

そうやって、私は生きながらえてきました。

真剣に自殺を考えていたときに、すぐ近く、ほんの10メートルの距離で、電車への飛び込み自殺を目撃したこともありました。

自ら命を断つなんて、おそろしくて出来るものではありません。

人生の目標をすでに持っている人は幸せです。

でも、持っていない人にとって、それを探すことは簡単ではないかもしれません。

なかなか見つけられないという人は、私がやってきたように、**『とりあえずの目標』**または**『仮の目標』**でいいから、それを持つようにしたら良いのではないかと思います。

ほんとうに何でもいいのです。あこがれの車を買うでもいい。イタリア旅行に行くでもいい。ダンスコンテストにチャレンジしてみるでもいい。以前から欲しかったブランド品を手に入れるなどの小さな目標で構わないのです。

とにかく何でもいいから、自分なりの目標を決めてみましょう！

そんな小さなことで、人生がちがって見えてくるかもしれません。

STEP7 「遊ぶ努力をしよう！」

〝遊ぶ努力〟……というのは奇妙に聞こえるかもしれませんね。

でも、今の人たちには、それが必要な気がするのです。

遊んでない人が多いからです。

率直に言って、**「遊びのない人は、危ない！」**

と思います。

多くの人が指摘するように、遊びのない車は事故を起こしやすいものです。

神戸児童殺傷事件、秋葉原の事件、佐世保で起こった児童同級生殺害事件、名大生が起こした事件……どれも元々はマジメでいい子たちばかりのような気がします。

言い古された言葉は当たっているように思います。


遊びのない人は、暴発しやすいし、人間としての魅力にも欠けます。

柔軟性がないばかりか、発想力にも欠けるきらいがあります。


日本を代表する有名企業の新入社員が五人、バーに連れられてきました。

彼らの内の四人は、それまでそういう場所に出入りしたことがありませんでした。

五人全員が国立大学の大学院まで進学しているので、いちばん若い人でも24才でした。

その年になるまでお酒というものを口にしたことがなく、当然タバコも吸ったことがなく、女性と付き合ったこともありませんでした。

したがって、世間的なことを何も知らず、話題も多くはありませんでした。

ただボーッと座っているだけ。何かを尋《たず》ねられても、単に「ハイ」と「イイエ」のくり返しだけです。

おそらく学校と自宅の行き帰りの他には、せいぜい家庭教師のバイトをしたことがあるくらいだったのでしょう。

いったいその企業は、どんな採用基準で人を採用しているのか疑問に思わないわけにはいきませんでした。

私だったら、たとえどんな職種であれ、絶対に雇わない種類の人間たちでした。ましてや、彼らの就いているのは〝開発〟。発想力が必要とされる部所なのです。

その有名企業が近いうちに潰《つぶ》れるのではないかという懸念《けねん》を抱いたのは言うまでもありません。


実は、夜の街では、そういう人たちが問題になっています。ほとんどは、30才を過ぎるまで夜の街で遊んだことのない男性たちについてです。

良く言えばクソマジメ。ですが、要するにママのペットとして生きてきた男たちだと言えるでしょう。それまでは、パソコンの中の2次元少女を相手にして生きてきた人たちである可能性もあります。

生身の人間と付き合った経験が少ないから、まったく周りのことが見えていない。

いわゆる〝空気が読めない〟というやつです。

相手がイヤがっているのに、一方的に押しまくってしまいがちで、ストーカー化することもシバシバ。

キャバクラ嬢の営業メールに勘違いしてしまい、大金をつぎ込んだ挙げ句に出入り禁止をくらったりする人たちも少なくありません。

今の30代～50代では、そんな人たちはまだ少数派ですが、平成生まれの世代になると、多数派になる可能性があります。

彼らが、30代～40代になったときに、いったいどうことが起こるのか、恐ろしい気がしないでもありません。


そんな人たちにとっては、勉強することは容易いかもしれません。現に、会社勤めをやめて、資格試験に打ち込む人の姿をよく見かけるようになっています。

つまり、遊びの方が彼らにとっては、はるかに難しく勇気の要ることではないかと推測されるのです。

彼らに「遊びなさい！」と言ったところで、どこで何をすればいいのか、途方《とほう》に暮れるのがオチであるにちがいありません。

そのような特殊な人々だけでなく、60年代以降に生まれた人たちは、概《がい》して子どものときにほとんど遊んでいないのではないかと思われます。

田舎は別として、都市部では自然がなくなり学校の運動場からも締め出されて、塾通いが定着しはじめていたのです。

勉強をしてこなかった人が勉強のやり方が分からないのと同じように、遊んでこなかった人たちは、遊び方が分からないのではないか？　と思うのです。

ですから、そういう人たちには、遊ぶ訓練というものが必要だという気がします。

母親をはじめとした大人たちから指示されて育ってきた彼らは、万事が受け身で、自ら率先して何かをやるという習慣ができていないケースが少なくありません。

実際に、「何をやっていいのか分からない」という声を、多くの若者から聞く機会が増えています。

言うまでもなく、ここで言う〝遊び〟とは、家の外で、生身の人間たちと接することが前提での遊びのことです。

インドアにおいてパソコンやゲーム機を使っての遊びのことではありません。

私たち昔の世代の男にとって、〝大人の遊び〟とは、夜の盛り場でお酒をたしなみ、女性を口説き、時には風俗に行ったりすることでした。

平成生まれの人たちにかぎって言えば、その全てをやったことのない人だらけと言っていいのではないでしょうか。

遊びの種類が変わってしまっているとも言えるでしょうが、いつまで経っても、ゲームやパソコンやアニメに齧《かじ》りついているのは、どうかと思います。また、仲間内でばかり遊んでいるのも、成長という点では疑問です。

おそらく大人になりたくない。社会に出たくないという意識が強いのでしょうが、いつかは彼女が欲しいとか、結婚したいという時期がやってくる可能性があります。ストーカー行為を働き、勘違いで女性にのめり込み、あちこちの店に迷惑をかけるのは、決まってそんな人たちなのです。

※タレントの武田鉄矢さんは、「性の目覚めの遅すぎる人は、タナトス（死への渇《かつ》望《ぼう》）に捕らえられる可能性が高い」と言っています。

そういうことは十分にあり得ると、私も思います。死への誘惑が、方向性を変えて他者への無差別殺害に結びつくことは考えられないこともありません。

遊びは、まず **“どこで” “何をして”** 遊ぶのかを考えることからはじまります。もっと言えば **“何をしたいのか？”** について自問自答しなければなりません。

万事が受け身で育ってきた人たちにとっては、それを考えるのは、とても難しいことだと思われます。

ましてや成人した後にまで他の誰かに生き方を決められてきた人たちにとっては、いきなり宇宙旅行に行かされるぐらいの混乱を来たしてしまうかもしれません。

しかし、これは重要なことです。なぜならば、期待された学校に合格するという人生のミッションを果たした人は、その後には得てして人生の目標を失ってしまいがちになるからです。

その後の長い人生を生きるに当たって、再び原点に立ち戻って自分探しをする必要性に迫られてしまうということでもあります。

たいていの場合、お母さんたちは細かい指示を与えます。「この服を着なさい！」「これを食べなきゃダメでしょ！」「あそこの塾に行きなさい！」「どこそこの高校を目ざしなさい！」などと。その上に、塾では、志望校に到達するための道順を、手取り足取り教えようとします。私たちもやってきました。

そうやって育ってきた子どもが、大人になって自分の頭で何かを考えるというのは、まったく使ったことのない筋肉を一から鍛え直すこと以上に困難を要するのではないでしょうか。

神経細胞は、ふつう20才あたりで増殖するスピードが激減してしまいます。それどころか、一日に10万~20万個の割合で死滅しはじめるとさえ言われているのです。

要するに、成人した後に新しいことを学習し、それまでの生き方を変えるというのは、途轍《とてつ》もない努力を必要とするわけなのです。

ですから、そこから新しい道を模索《もさく》するというのは、きわめて難しいと言わざるを得ません。

しかし、不可能というわけでもありません。そして、成人したあなたには、その責務があるのだとも思います。

少なくとも、努力しなければ、永久にあなたはママの引力圏から脱出することはできなくなってしまうでしょう。

私の知り合いに、有名大学の出身者がいます。数学の成績がつねに優秀だった彼は、旧帝大系大学の数学科に進学しました。

ところが、そこで人生が行きづまってしまいました。大学に入ることだけが、それまでの人生の目標だったのです。自分の存在する意義を見失ってしまいました。

そこから、彼の模索がはじまります。50才に近づこうとしている今も、アルバイト生活をしながら、新興宗教にはまったりしつつも、自分探しの旅をつづけています。

もちろん彼に家族はいません。

彼は、けっして特殊な例ではありません。私の教えた生徒たちにも、似たケースが多く見られるようになっています。

つまり、新たな人生の目標や生き甲斐を見つけるためのファーストステップとして、最も取っ付きやすいトレーニングが、**「どこで、何をして遊ぶのかを考える」**ことではないだろうか、と思うのです。

ややもすれば、目ざしていた大学に合格するという目的を果たした後には、人生のミッションそのものが終了してしまったかに感じる者さえ少なくありません。

旅行でもいい。アウトドアスポーツでもいい。

出来るだけ早い時期に**〝どこで〟〝何をして〟遊んだらよいのかを、自分の頭で考え、そして行動できるようになってほしいと思います。**

ＳＴＥＰ８「ちょっとだけガマンしてみよう！」

ガマンのできない人が目に付きます。すぐにやめる。すぐに別れる……等など。

肥満体の人も増えています。体形だけなら、今すぐにでも相撲《すもう》取りになれる人を何人も知っています。

そんな人は、食べる量が半端ではありません。おそらく、ストレスを食によって発散させているのでしょう。

依存症の人も目に付きます。ギャンブル依存、タバコ依存、アルコール、薬物、セックス、買い物、キャバクラ、ホストクラブ依存……あたかも依存症の品評会でも見ているような今の世の中です。

「現代日本社会がストレス社会だから」という言い方をよく耳にします。

〝そうでしょうか？〟……私は正直、疑問に思います。

昔の方が、ストレス過多だったのではないでしょうか。

会社員にしろ、劇団員にしろ、アルバイトの若者でさえ、以前は途中でやめるということはめったにありませんでした。

だから、上司や先輩たちは、安心して思い切った指導をしていました。クソミソにけなされる。人格を否定されるなんて日常茶飯事。職種や部所によっては、殴られたり蹴られたりすることさえ稀《まれ》ではなかったのです。

仕事の量も、高度経済成長期からバブル期にかけての方が多かったと思います。毎日の残業は当たり前、土曜も日曜も接待飲み会に接待ゴルフ。どう考えても、昔の方がストレスは大きかったはずです。

やはり、昨今では精神的な弱さが際立っていると言わざるを得ません。何よりも、意志の力が弱まっていると思います。

幼い時の育ち方のせいだとは思いますが、食べ物の影響も若干は考えられます。

どうも60年以降に生まれた人たちを見ていると、思考力・想像力・言語能力・記憶力・欲求の統御能力《とうぎょのうりょく》などに関する点が、世代が下がるほどに減退しているようです。

それらの能力に関係しているのは、大脳新皮質だと言います。だとするならば、そこが何らかの損傷、もしくはトラブルを起こしている可能性があるのではないでしょうか。

ともかくも、生まれた時点から物が満ちあふれ、食べ物に不自由したことがなく、エアコンのおかげで暑さからも寒さからも解放されて育った人々です。その上に、勉強以外に関しては何でもＯＫのアマすぎる親によって育てられてきたのです。

ガマンの利《き》かない性格になったとしても不思議ではありません。

そこで提案。

ちょっとしたことをガマンすることからはじめればいいと思います。

たとえば、

○1日20本吸っていたタバコを、まず1本だけ減らす。(10本の場合は9本に)

○帰宅したらすぐに入れていたエアコンのスイッチを、ほんの5分だけガマンする。そして温度を1度だけ節約する。

○3階までなら、エレベーターを使わずに階段を登る。

○バス停や電停を、1駅分だけあえて手前で降りる。

○テレビを見たりゲームをやる時間を、1日30分だけ短めにする。

○アイスを食べたい時、清涼飲料水を飲みたい時に、10分だけ、食べるのを(飲むのを)ガマンしてみる。

などの努力からやってみるのはどうでしょうか。

以上に挙げた例は、私自身がやっていることばかりです。

○タバコは25才の時にやめました。
○エアコンは、お客さんが来ている時以外には使いません。
○３階までにかぎらず、極力階段を登るように心がけています。
○バス停は、急用がないかぎり２駅手前で降りて歩くようにしています。
○テレビは持っておらず、ゲームもやりません。
○アイスやジュース類は、できるだけ食べない・飲まないようにしています。もちろんギャンブルもやりません。

私自身、親から「ワガママだ！」と言われつづけてきましたし、自分でも〝ワガママ〟であると認識しています。

そんなワガママな私の目から見ても、今の人はワガママだと思います。途轍《とてつ》もなくワガママだと言っていいように思います。

社会人として務まらず、結婚生活も挫折するだろうと思われる人が、過半数に及んでいるように見えるのです。

誰でも急にやることはできません。日頃から少しずつでいいから、ガマンすることを心がけていた方がいいのではないでしょうか。

後々に苦労するのは、あなた自身と、あなたの子どもなのです。

STEP9「不便さを取りもどす努力」

自分がヒヨワなのは、時代のせいだと主張する人たちがいます。たいていの人たちは、そう言って逃げようとします。

それは、言いわけにしか過ぎません。時代のせいにしたところで、何も変わりはしません。かえって自分がダメになるだけです。

しかしながら、そういう理由が全くないわけではないとも思います。文明の利器が発達したがゆえに、ヒヨワになっているところもたしかにあると思います。

だから、昔に戻せるところは戻せばいいと思うのです。

ちょっとだけガマンすることが出来るようになったら、次の段階に足を進めましょう。

ほんとうに、あなたが変わりたいと思っているならば、です。

果たして、元の状態に戻せるのでしょうか？

結論から言えば、可能だと思います。

現にドイツでは、昔に戻す努力をやっています。

たとえば、税金を使って舗装《ほそう》した道路を、再び税金を投入して舗装を引っぺがしている所もあるのです。

護岸工事の施《ほどこ》してある川の護岸を、わざわざ昔の土手に戻すこともやっているようです。

放っておいても元には戻りません。もはや努力しなければ昔を取り戻すことはできないのです。

わが国でもそれに倣《なら》うべきだと思います。一見ではバカバカしいことに見えるけれども、今の世の中では、やらなければならないことの一つです。

他国の良いところはどんどん取り入れた方がいいと思います。

出来るだけ自然エネルギーを使い、道路や川岸を自然状態に戻す努力をやる。お金がかかっても仕方がありません。そのためだったら、国民の多くも納得《なっとく》するでしょう。

さらに、国や地方公共団体（県市町村）が資金を出して、子どもの遊び場となる空き地を確保し、そこを手入れの行き届いた公園ではなくて、雑木《ぞうき》や雑草の生い茂る自然状態に戻すという試みもやらなければならないと思います。たとえ時間がかかってもやるべきことです。

そして、これと同じことを家庭内でもやればいいと思います。

たとえばエアコンを外す。エアコンの影響は計り知れないほど大きいと感じます。

昔は、どんなに寒くてもどんなに暑くても、ガマンするしかありませんでした。今は、スイッチ1つで、一年中を快適な温度で過ごすことができます。

これが、今の人たちに与えた影響は小さくありません。これが、精神的なヒヨワさを導いてきたものの一つであることはまちがいないと思います。

もしも、子供部屋に設置してあったとするならば、即座に取り外した方がいいでしょう。私ならそうします。

つぎにテレビやテレビゲームも取り上げます。そんなものがなくても友だちは作れるし、生きていけるはずです。現に、私は両方とも持っていません。

私の教えた生徒に、サッカー部のキャプテンをして生徒会長も務め、その上に、当時日本でいちばん入るのが難しいと言われていた高校に受かり、東大理学部に進学して、そこの研究員になった子がいます。

そんな彼も、ゲーム機を持ってはいませんでした。クラスメートたちはみな持っているのに、彼は持っていませんでした。

当然、仲間たちの会話に入っていけません。それでも、彼はクラスメートたちから慕《した》われ、彼らとうまくやっていたのです。

私自身、テレビを持っていません。地デジ放送に変わった時に、見るのをやめました。それまでは、テレビ中毒と言える状態でした。

自宅に帰りつくや、テレビのスイッチを入れていました。何も見るものがなくても、つけっぱなしにしていました。

どんなに遅く帰って来ても、どんなに眠気に襲われようが、テレビを見なければ安心できませんでした。

テレビを見る時間が無駄であることは十分に承知していました。

知り合いの大学教授たちは誰も「テレビは見ない」と言っていました。

「テレビを見る時間がもったいない」と言うのです。

たしかに、そんな時間があれば、本が一冊読めます。

だから、地デジ移行をキッカケにして、デジタル放送対応のテレビを買うのをやめました。

おかげで、五十年間も親しんできたテレビとの縁が切れました。

少しだけ、時間が出来ました。人生は長くはないのです。

やれば出来ます！

あえて不便さを求めるのです。便利さが、人間をヒヨワにし、贅沢にしてしまっている面があります。

ＳＴＥＰ10「あえて厳しい環境を求めよう！」

打たれ弱い人が多くなりました。

ちょっとしたことでキレたり、逆に激しく落ち込んだり、過剰反応をするケースに、何度も出くわしたことがあります。

20才になる女性を生徒に対する感覚で叱ったら、過呼吸を引き起こされてしまい、挙げ句にはパニック症状まで呈されて、大慌てしたことがありました。

聞けば、大人になるまで、親に叱られたことがないのだと言います。知能の高い彼女は、学校でもそこそこに優等生だったらしく、教師から叱責《しっせき》されるという経験もしたことがなかったようです。

なるほど。私にも経験があります。４才の時でした。

祖父母や叔父叔母に囲まれて育ったのですが、比較的おとなしい子どもであった私は、誰かに激しく叱られるという経験がありませんでした。

4才になった時に、大通りに走り出して、危うく軽トラックに轢《ひ》かれそうになりました。そして、そのトラックを運転していたオジさんに、もの凄い形相で**「ゴラーッ！」**と怒鳴られてしまったのです。

その声は、雷鳴のごとくに私の頭の中に響きわたりました。

身内からはもちろん、赤の他人から怒鳴られるという経験をしたことのなかった私は、もの凄いショックを受けてしまったのです。

その時から少なくとも一年間は、オジさんの怒鳴り声が、頭の中から消え去りませんでした。


おそらく20才の彼女は、私のあの時と同じ状況になったのだと思います。

いや、過呼吸やパニックになったところを見ると、私以上のショックを受けたのかもしれません。


若い人は繊細です。すぐに仕事をやめるし、ちょっとした理由で別れてしまうカップルだらけです。

昔から〝ガラスのような〟という表現がありますが、今の若者たちの中には、ガラスどころではなくて〝シャボン玉〟と同じくらいデリケートだと感じる人たちが数多く見られます。

ほんのちょっと触れただけで、パチンとはじけて砕《くだ》け散ってしまいます。

だからと言って、昔の人間が生まれつき神経が図太くて、半世紀前から急に神経の細い赤ん坊が生まれるようになったわけではないと思います。

昔の人間も、今と同じくらい幼い時にはデリケートだったと思われます。ただ、育ち方が違っているだけです。

「オヤジが帰ってくると、ご飯もノドを通らない」

「オヤジほど怖いものは他にはない」

……　そんなことを言うクラスメートばかりでした。何かを言うたびに殴られる。何もしなくても殴られたものです。

60年代の初め頃までは、そんな横暴な父親たちが、どこの家庭でも絶対君主として威張り散らしていたのです。

子ども部屋などのなかった時代ですから、学校が恐ろしいオヤジからの逃げ込み場所でさえありました。

まさに、〝地震、カミナリ、火事、オヤジ〟の故事が、まだ厳然として生きながらえていたわけです。

今は、逆になっています。クラスメートからイジメられた子どもは、自分の部屋にヒキコモってしまいます。


私は残念ながら、父親を怖いと思ったことがなかったのですが、代わりに小学校の教師に殴られつづけてきました。

5年生から6年生にかけて、軍隊経験のある担任に当たりました。

私を含めて四人の男子が、ターゲットになりました。ほぼ毎日、私たちは教室の前に呼び出されました。

クラス全員で騒いでいた時、クラス全員で禁止されていた遊びをやっていた時、私たち四人が代表して殴られました。

たとえ私たちが何もやっていない時でも、

「なぜ、他の者を指導しないのか⁉」などと、理不尽な屁理屈をつけて殴られました。

「脚を肩幅に開け！」

「歯を喰いしばれ！」

「目を閉じろ！」

彼が軍隊で言われたのと同じセリフを、私たちに向かって吐きました。

目を閉じた暗闇の中で、腕が振り上げられる気配があり、次の瞬間に、岩石のように感じられる固いゲンコツが、コメカミに打ち込まれるのでした。

ガツンという音が反響するとともに火花が散りました。

「オレは毎日軍曹《ぐんそう》にナンクセをつけられて殴られていた。だから、こんどは、オレがオマエたちを殴る」

というのが、彼が私たちを殴る論理でした。メチャクチャですね。

最初の頃は、ショックを受けました。恐ろしかったし、痛みも並大抵ではありませんでした。殴られる度に、タンコブが出来ました。しかもタンコブの出来たところを、ヤツは狙ってくるのです。

ところが人間には驚くほどに適応性がありました。

なんせ、ほぼ毎日問答無用で殴られるのですから、ひと月間もすれば、慣れてきます。怖さもうすらぐし、痛みにも慣れてきます。殴られるたびに出来ていたタンコブもやがて出来なくなりました。

ほんとうにケシカラン教師でした。今だったら、即座に訴えられることでしょう。でも、おかげで叱られることぐらいでは動じなくなりました。ましてや誰かに怒鳴られるくらいなんともありません。

昔の子どもは、そうやって打たれ強くなっていったのです。

今は、恐ろしいオヤジもいなくなりました。教師たちもあまり叱りません。殴ったりしたら、それこそ新聞ダネです。

ですから、自分で鍛《きた》えるしかありません。

昔の大人は、いつも言っていました。

「若い内には、買ってでも苦労しろ！」と。

今は、ほんとうに買わないと誰も叱ってくれません。

もしも、打たれ強い人間になりたければ、あえて厳しく叱ってくれる人間のそばに近寄って行くしかないでしょう。

もしも、あなたが学生ならば、居心地のいいバイト先ではなくて、より労働条件の厳しい会社や職種を選ぶべきかもしれません。

社会人になるまでに、１ミリでも２ミリでもいいから、デリケートすぎる神経に〝**耐性**〟を持たせておいた方が良いと思います。

STEP11「１人旅のススメ」

ことあるごとに、周りの若者にススメています。一人で旅行することを。出来れば外国旅行がいいでしょう。

あえて厳しい環境に身を置くという意味でもいいと思います。そのことが**疑似体験**できるのです。

私の父親は、子育てにあまり熱心ではありませんでした。だからほとんど彼から何も教わっていません。

ですが、教えられたことが少ない分、言われたことの全てを覚えています。

曰《いわ》く

「先生の言うことはどんなことでも、ありがたいと思って聴け！」

「仕事とは、命がけでやるものである」

「人間は自由である。ただし、人様に迷惑をかけない範囲で」

「学生のときは、読書と一人旅をしろ！」……。

代々に伝えられてきたわが家の家訓を、そのまま私にも伝えただけです。

この中で、一人旅は学生時代に、外国旅行一回と国内旅行一回だけしかやりませんでした。時間はたっぷりあったにもかかわらずです。

人間は恵まれた環境下では、なかなか動かないものです。

もっとも、そんなグウタラ人間は、私だけかもしれませんが。

私が一人旅をやり出したのは、働きはじめてからでした。時間の取れない中で、知恵を絞り、なんとか時間と金を捻《ひね》り出しました。

〝頼みごとは、忙しい人間に頼め！〟という言葉は、核心をついているかもしれません。

一人旅と誰かといっしょに行く旅は、ぜんぜん違っています。フルコースディナーと、お好み焼きくらいの違いがあります。

こんなことがありました。モルディブに行く途中で、スリランカに寄りました。首都コロンボの一日観光がセットで付いていました。

おんぼろバスには、日本人観光客ばかりが30人ほど乗っていました。一人旅は男三人だけ。他はすべてカップルでした。

三人は、決められたわけでもないのに、そろっていちばん後ろの座席に座りました。

私たち三人は、顔を左右の窓に振りながら、窓の外を流れる景色を食い入るように見入ったものでした。

コロンボの街並を見ながら、私は涙がこぼれてきました。そこには、忘れていた子どもの頃の日本とそっくりの風景があったからです。

雑木林《ぞうきばやし》や雑草の原っぱを背景にして、まばらに建っている家々。舗装されていない土の道。毎日のスコールにより、水たまりの出来ている歩道。その水たまりに浮かんでいるアメンボウ。裸電球のぶら下げられた小さな果物屋、等々。

それらの景色を見ながら、子どもの頃の思い出が、ほんとうに走馬灯のように蘇《よみがえ》ってきたものでした。

そして、今日の自分たちの置かれている状況や、経済発展の意味をあらためて考えさせられたものでした。


ところが、前の席のカップルたちは、何も見ていませんでした。ペチャクチャ・ペチャクチャと、お互いのお喋りに夢中の様子だったのです。

お喋りは、地元に帰ってからでも十分に出来るのに……。私たちにとって、この風景は、二度と見ることのないものかもしれないのです。


一人旅と二人で行く旅行では、話しかける人数もまったく違います。バスに乗るにしてもレストランを探すにしても、一人旅の場合ではその土地の人に訊《き》きまくるしかありません。

なんせバスの中でも列車の中でも、日本のようにいちいちアナウンスがないのです。何から何まで自己管理しなければなりません。もしも乗りまちがえなどしたら、タイヘンなことになってしまいます。

だから、見知らぬ他人に訊きまくるしかないのです。

「このバスは、ほんとうに○○に行くの？」

「料金はいくら？」

「いくつめのバス停で降りたらいいの？」等など。


これが、二人で行くと、どちらかが答えを知っている場合が少なくありません。たいていのことは、二人だけで解決してしまえるのです。

こんな経験もあります。

初めてモルディブに行ったとき、パニックになりかけたことがありました。

スリランカで乗り継いで、モルディブ空港に着いたのは、深夜12時すぎ。さらに、そこからドーニーというボートで二時間近くかけて目的の島へ着きました。

静まり返ったホテルのインフォメーション。当直の係員からキーをもらい部屋に入ると、何もありませんでした。

日本だとどんな安宿にだってあるはずの物が見当たりません。テレビもラジオも洗面道具も何もないのです。

あるのはベッドとテーブルとイスだけ。インフォメーション・ルームに行っても、新聞も雑誌も見当たりませんでした。

その時はちょうどワールドカップの最中でしたが、どこが勝ってどこが負けたか、どの国のチームが優勝したかについても知る手段が全くありませんでした。

それだけではありません。もしも、私の旅行中に戦争が起こってしまい、北半球のどこかに核爆弾が落っこちて家族が消滅してしまったとしても、私にはそれを知る手段がないのです。

情報のない世界にいることの不安を、このときほど感じたことはありませんでした。パニックになりそうな気持ちを抱えたままで、その日はとりあえず眠るしか他にすることがなさそうでした。

翌朝目覚めた私は、情報ツールも娯楽施設もない島で、どのようにして時を過ごすのかを考えなければなりませんでした。

小学校の敷地ほどしかない小さな島には、海の他には行くべき所がありません。一日中をリーフの発達した海で遊んだ後に、夕食をとったレストランのイスに座り、残された課題のためにまたしても思考をめぐらせなければならなくなりました。

〝どのようにして話し相手をみつけるか？〟について、です。

ふと入り口付近に目をやると、簡単な造りのバーコーナーがあるのに気が付きました。

そこで私は、木の切り株を使った簡素なイスに座ってビールを飲みながら、レストランから出てくる外国人たちに、片っ端から声をかけたのです。

「ハロー！　ビールおごるから、ちょっと話し相手になってくれないかい⁉」

ほとんどの人は、ニッコリと微笑んで通り過ぎていくだけでしたが、何組目かに出てきた陽気な面持ちのイタリア人の中年男性が、

「お、いいね。おごってくれるのかい？」

などと言いながら、横のイスに腰掛けてくれました。

彼は、世界中の海を撮影してまわっている水中写真家でした。私も写真を撮るのが趣味でしたから、七つの海の特徴やら写真撮影の苦労話やらを、深夜遅い時間まで興味深く聞かせてもらうことができました。

こんなことは、誰かと一緒だったならば、絶対にやらなかったことです。一人で旅していたからこそ思い切って敢行《かんこう》できたことにちがいありません。

一人旅は、いろんな意味で心を強くしてくれます。心を強くしないとやって行けないのが、一人旅でもあるのです。

STEP12「1人暮らしのススメ」

これも男の子の場合にかぎられるかもしれません。

優柔不断《ゆうじゅうふだん》な男子が目に付いて仕方がありません。

カフェのカウンターや食券の自販機の前で、何を注文していいのか立ち往生している姿を、ちょくちょく見かけます。

中には、彼女に決めてもらっている男性までいる始末です。

やはり、幼いときからお母さんに細かいところまで指示されて育ってきたせいだと思われます。

一人暮らしの経験がないことも、関係しているかもしれません。

私たちの世代では、高校を卒業したら他県の大学に行くか、東京や大阪などの大都市の会社に就職していくか、どちらかのルートを選択する者が多数派でした。

高３のクラスメートで見ると、五十人中四十人強が他県へ移り住みました。地元に残ったのは、七～八人程度だったと記憶しています。

私も一人で首都圏のアパートに住みました。はじめての一人暮らしでしたから、いろいろなことで苦労しました。なかでももっとも厄介《やっかい》だったことは、毎日の食事についてでした。

どこで何を食べるのか、あるいは何をつくって食べるのかを、毎朝、毎昼、毎晩、考えなければならないのです。

その作業は、それまで親が用意してくれたものを何も考えずに食べていた私にとっては、けっこうタイヘンなことでした。

でも、おかげで優柔不断さは克服できたと思います。

それまで私は、きわめて優柔不断な性格でもありました。一人暮らしを経験するまでは、セーター一枚買うのにも、まる一日かけて悩んだりしていました。

市内中のデパートはもちろん、知っているかぎりの洋服屋を見てまわらなければ気が済みませんでした。色や形についてもしつこいほど吟味《ぎんみ》した挙げ句に、とうとう買わないで帰ったことさえ何度もありました。

もちろんレストランに入ったときでも、注文を決めるのに、数十秒から長い時には数分間もウェイトレスを待たせたことがありました。

しかし、一人暮らしを経験した後では、かなり改善されていたと思います。

人間にとって何を食べるかということは、生きる上での基本であると同時に、最も重要なことの一つでもあります。

毎日、朝、昼、晩ごとに悩む意味は小さくありません。

さらに、家賃を払い、電気光熱費を払い込むという責務《せきむ》も、生活していくことのタイヘンさを少なからず教えてくれます。

今は、ヒキコモリの生活や、それに近い生活をしている人が少なくないから、実家を離れられないケースも多いでしょう。

思い切って、一人暮らしをしてみることをおススメします。

そして、できることなら、せめて一年間ぐらいは彼女・彼氏をつくらずに、孤独に耐えるという経験をした方がいいとも思います。

昨今では、極端なほどの寂しがり屋が目立ちます。これも幼い頃の育ち方が原因と思われます。

孤独に慣れましょう！　かならず克服できます。時間を要しますが、慣れさえすれば、誰にでもできることです。

今の時代、一人前の大人になるためには、不可欠なことのように思われてなりません。

STEP13「ナンパのススメ」

私の子どもの頃には、男になるための儀式がありました。

高い崖の上から飛び降りる、高い木の上までよじ登る、飛び込み台からダイブする、当時はまだ残っていた防空壕《ごう》の中を一人で探検してくる、等など。

できなかったら男として認めてもらえないばかりか、仲間に入れてもらえませんでした。

そうやって仲間たちから勇気を試されながら、一人前の男に成長していくことができたのです。

少なくとも大人の男になるために、そういう類いの儀式を経ながら、あるいは行く手に立ちはだかる先輩やオヤジの壁を何度も跳ね返されたりしながら乗り越えていかなければならなかったのです。

もっと前の封建時代なら、さらに過酷な試練を与えられていたのではないでしょうか。

今は、そんなイベントを経験する機会があるようには見えません。エアコンの効いた家の中に籠《こ》もり、コンピューターゲームをするだけで一人前の男になれるとはとても思えないのです。

「ラクがいい」なんて言う男は、昔だったら、絶対に男として認めてもらえなかったし、呼び出しを受けて袋叩きに遭うのがオチだったにちがいありません。

一人前の男とは、自分の考えをしっかりと持ち、勇気と度胸を兼ね備え、社会人としてきちんと労働をし、家族を養い、子どもをちゃんと育てることのできる人間のことでしょう。

今、この時代。自然がなくなり、地域集団も消滅した現代において、一人前の男になるための儀式らしきものは何かについて考えたときに、私は「一人旅」と「ナンパ」に思い至るのです。

「ナンパ」とは、もちろん路上で見知らぬ女性に声をかけることです。最近は、傷つくのが恐くて、それさえも出来ない男たちが増えているようです。

ナンパは、たしかに恐い。勇気が要ります。

無視されたら傷つくし、ヘコみもします。時には口汚くノノシられることだってあるのですから。とくに私みたいな気の弱い人間にとっては敷居が高く感じられます。

でも、だからこそ、チャレンジのしがいがあると思うのです。ナンパが簡単にできたら、感動もないし、己のステップアップにもつながりません。単に、その場しのぎの性欲を満たすだけの作業になってしまいます。


私は、最近のヒヨワな若者たちに「ナンパ」をススメています。

専門学校では、クラスの男子たちを夜の街に呼び出して〝ナンパの授業〟を決行したこともありました。もちろん私もタマにですけど、チャレンジしてみます。

私みたいな年寄りは、近づいていくだけでも警戒されるし、嫌がられます。猟奇的《りょうきてき》な事件の多発している現在では、たいていの場合、変質者あつかいされてしまいます。

しかし、それでヒルんでいては、とても自己改革なんてできませんし、過酷な世の中を生き抜いていくことだってできっこありません。

なんと思われようと、決めたらやる！　ただし、通報されないように気を配りながら。

一人では恐くてやれないという人は、はじめは誰かといっしょでもいいし、一・二杯の酒をひっかけて行くのもいいでしょう。

だけど、ある程度なれたなら、一人でやるべきだと思います。

旅と同じで、一人でやることにこそ意義があると思います。一人でやれないような人間が一人前の男だとは、とても見なすことができません。

さあ、やってみましょう！　まずは声をかけるところから。

成功しようとか、失敗したらどうしようかなどということは、とりあえず考えないようにしましょう。

言葉は何でもいい。「こんにちは」でも「元気ですか？」でもいい。

声をかけられただけでも、あなたの勝利です。

STEP14「小さなことを気にしない」

彼に出会うまで、私は小さなことを気にする人間でした。ミジンコよりも微細なことをグジグジと考え、悩みはじめると夜も眠れなくなるほどでした。

彼とは、もちろん私のクラスメートKのことです。

私は気がチッチャなくせに、他人に対してズバッと思ったことを口にしてしまうところがあります。

「デリカシーがない」と批判されることもシバシバでした。

「しまった！」と思ったときには、すでに手遅れ。

友人を傷つけてしまったのではないか？　と二日も三日も思い悩んだものです。一週間以上もそのことが頭から離れなくなってしまうことさえ稀《まれ》ではありませんでした。

ある時、繁華街の道を歩きながら、いつも大きく構えている彼に尋ねました。

「おまえは、小さなことが気にならないのか？」

すると、彼は答えました。

「気にしないよ。だって、小さなことを気にしたって仕方ないだろう⁉ それよりも、ほんとうに大事なことだけを考えるようにした方がいいぜ！ 人生は、そんなに長くはないのだからな」


その言葉を聞いて、私は〝なるほど！〟と納得してしまいました。そして同時に、救われた気がしたものでした。そのとき、小さなことに悩んでいたからです。

たしかに、小さなことを気にしても仕方がありません。気にしたところで、そのことが解決するものでもないのです。

さっさと忘れて、他のもっと大事なことに頭を使った方がいいに決まっています。


また、親父の後妻に教えられたこともありました。

「あんまり考えすぎない方がいいよ。たいていのことでは、命までは取られないのだからね」

うつむき気味で眉間《みけん》にシワを寄せて、どうでもいいことにいつも思い悩んでいる私を見て、彼女はそう言いました。さらに、こうも付け加えたのです。

「殺されないかぎり、何をやったっていいんじゃないの⁉」

なるほど、その考えで、親父を私の母から奪ったもののようでした。それは、さすがに暴言ではないかと思いましたが、そのくらいの気持ちでなければ、過酷な世の中を渡っていけないことも確かであるかもしれません。


ちなみに彼女は、炭坑労働者の子どもとして生まれ、中学を卒業した後は、スナックなどで働きながら看護師の免許を取り、私の父親と結婚を果たして、四人の兄弟姉妹を高校まで出したのでした。要するに苦労人というわけなのです。

お嬢さま育ちの私の母に対抗できるはずもなく、30才になるまで勉強と仕事しかしたことのなかった世間知らずの父を誘惑することなど、彼女にとってはそれこそ赤子の手を捻るよりも簡単だったにちがいありません。


ともかく、彼ら・彼女らの考え方を聞いたことで、私はその後はあまり小さなことで悩まなくなりました。

いや、正確に言えば、**悩まないようにしている**と言った方が適切かもしれません。

若い人にかぎらず、周りを見ていると、どうでもいいような細かいことに気を取られている人が目につきます。

どう考えても、時間と労力の無駄でしかありません。その上に、他人からは、そういう人間は煙たがられがちです。

たとえ不用意なことを言ったりやったとしても、相手に大迷惑をかけるわけではないと思われるときには、さっさと忘れた方がいいと思います。

少なくとも、そう考えるようになったことで、私はかなりの量のストレスから解放されました。

言うまでもないことですが、意図的に迷惑をかけたりすることは言語道断《ごんごどうだん》です。人として絶対にやってはいけないことでしょう。

あくまでも不可抗力でそうなったときの対処法です。

また、小さなことにとらわれている人ほど、本筋を見逃しがちであることも確かです。

〝本質はなにか？〟……ほんとうに大事なことは何か？について常に頭を使うように心がけるべきでしょう！

そうでなければ、どうでもいいことにあなた方がこだわっている間に、他国の人々に**根幹《こんかん》をかすめ取られてしまう**というような事態が起こってくるかもしれません。

STEP15「たくさん失敗して、たくさん傷ついてみろ！」

「失敗からしか、ほんとうのことは学べない」と、私は思っています。

成功から学ぶことより失敗から学ぶことの方がずっとたくさんありますし、肝《きも》に銘《めい》じるという意味では、失敗しないことには本当の意味での学習は出来るはずがないと考えているのです。

この本を書こうと思い立った動機自体も、私自身の失敗の積み重ねの経験によるものです。

私はこれまでに、塾や英会話教室やフリースクールやカフェやバーまで経営したことがあります。そして、その都度、若い人たちを雇用してきました。

ところが、この10年ほどは、すぐにやめてしまわれる。やっとのことで仕事のできそうな人を探し出しても、次々にやめていかれるのです。

10年前は、何がどうなっているのか、まったくわけが分かりませんでした。中には給料も取りに来ないままに去っていく人までいました。

電話をかけてやめる理由を尋ねるのですが、全ての人が「別に何も〜……」と答えるだけで、誰も本音を言ってくれません。

ですから、考えました。そして、悩みました。

〃いったい、何が悪いのか？〃などについて。

そんなことをくり返すうちに、だんだん今の若い人たちの特徴が分かってきたのです。やめる理由も徐々に分かってきました。

まだまだ付き合い方をマスターしたわけではありませんが、以前に比べれば格段にうまくなっていると思います。

私の同級生たちは、若者との付き合いを完全に放棄している者が少なくありません。「まったく理解できん！」と嘆くだけです。自分の息子・娘との断絶に思い悩んでいる者も少なからずいます。

もしもたくさんの失敗をくり返さなかったならば、私も同級生たちと同様、若い人たちのことが分かりませんでしたし、うまくやっていくこともできなかったでしょう。言うまでもなく、この本を書くこともなかったはずです。

失敗をすればするほどステップアップできますし、恥をたくさんかいた方が、より充実した人生を送ることができるのだと思っています。いや、失敗もせず、恥もかかないような人に、充実した人生などの送れるはずがないとまで考えています。

ところが、昨今の若者の中には、極端に失敗を恐れている人が多く見られます。まるで、ほんの一回の失敗で、命まで取られると思い込んでいるようにさえ見えることがあります。

おそらく、自分自身が粉々に砕け散ってしまうと感じているのではないでしょうか。

若者が失敗を恐れるのは、自信が欠如しているということも確かにあるでしょう。ですが、失敗の経験が少なすぎるという事実も、理由として挙げられると思います。叱られたことのない人が、ほんのちょっと注意されたぐらいで落ち込んでしまうのと同じ理屈です。

専門学校での講義の際、私はよくナンパのことを引き合いに出して説明していました。

もしも、一日に一人だけに声を掛けた者が、その一人に無視されたり冷たい態度をとられたとするならば、深く傷つくかもしれません。

しかし、仮に一日に１００人に声を掛けなければならなかったとするならば、どうでしょう？　あるいは、それを一ヶ月間、毎日つづけなければならなかったとするならば、いちいち傷つき落ち込んでいるヒマがあるでしょうか。

最初の数人までは深く落ち込みもするでしょうが、徐々に慣れてきて落ち込み方も浅くなっていくはずです。

私は思います。**どんどん失敗して、どんどん恥をかいて、もっとたくさん傷ついてみればいい！**　と。

10代～20代のいわゆる青春期というのは、失敗するための期間であり、恥をかくために設定された時間だと見ることも可能だと思うのです。

たとえば平社員のときの失敗は、自分一人が責任を取ればよいことがほとんどですが、社長になって判断ミスをやると全社員とその家族を路頭に迷わせることになりかねません。

独身時代と家族を持ってからでも同様の違いがあるかもしれません。

もちろん、人様に迷惑をかけてはいけません。でも、他人に何らの迷惑もかけないで生きて行くことなど出来るはずがないことも事実です。生きている以上は、仕方のないことでもあります。

だから、その程度をできるだけ抑《おさ》える努力は必要だと思います。迷惑をかけないようにする努力は必要不可欠ですが、あまり気にしすぎていては、何らの行動もできなくなります。

少なくとも、自分が恥をかくぐらいは、どんどんやってもいいと思います。恥もかけないような人間に、いったい何が出来るというのでしょうか。

せめて独身のうちぐらいは、どんどんチャレンジして、たくさん失敗して、たくさん恥をかき、そして落ち込めばいいと思います。

恥をかくほど、失敗の数が多いほど、そして、たくさん傷ついて、たくさん落ち込むほど、人は強く大きくなれるのだと確信します。

STEP16「多人種・多民族社会を生き抜くコツ(・i)」

私たちの暮らすこの日本社会は、近い将来、かならず多人種・多民族社会になります。

少子化の上に、若者たちの多くが働いていないからです。ニート・フリーターの数は1000万人を越えているという説があるくらいです。

こんなことがありました。1月1日から予約を受け入れている建設中のホテルから、学生を10人派遣してほしいという依頼がありました。12月23日のことでした。深夜の仕事なのでアルバイト料を二倍払うと言います。

学生たちが殺到しました。今どきの学生は、時間給に敏感です。

外国人留学生も、大勢押し寄せました。

けれど、依頼主の社長は外国人差別主義者でした。

「日本語の細かい指示が伝わらない」という理由で、外国人たちを断わったのですが、

「なんとか交渉してほしい！」と食い下がられました。

学生たちには、何度もスッポカされた経験がありました。元気の良さそうな子にかぎって、イイカゲンであることも少なくありませんでした。

しかし、外国人をメンバーに入れることはできそうにありません。

依頼主はアセっていました。スッポカシやドタキャンは許されない状況でした。マジメな学生を見つける必要がありました。

そこで、地元国立大学の医学部生たちに目をつけました。その中でも、ラグビー部の学生たちをかき集めたのです。彼らなら、マジメで体力もありそうだったからです。

ところが、１日目が終了して帰ってきた彼らの目つきには、どれも輝きがまったく見られませんでした。

私は定食屋に連れ込んで、様子をうかがいました。そして、恐る恐る尋ねました。

「あした、大丈夫だよね⁉」

すると、目の前に座った部長格の学生が、ドンブリを左手に持ち右手で箸を握り締め、焦点の定まらない目つきで答えました。

「ん〜、ムリッぽい！」

というわけで、医学部生たちは、2日にして全滅してしまいました
では、3日目からどうやったのか？

そう、3日目からは、オール中国人部隊になってしまったのです。日本人学生が「寒い！」「キツい！」とイヤがった仕事を、中国人たちは喜んでやりました。

これは10年後の日本の姿にちがいないと思いました。

それから10年以上が経っています。まだ、そこにまでは至っていません。ですが、近いうちに必ずそうなるように感じます。

すでに、場所によっては若い人たちがやめてしまい、外国人に頼らなければ作業のつづけられなくなっている工事現場や、過半数が中国の研究員になってしまった国立系の研究施設もあると聞いています。

外国人たちが増えた社会の中で、どうやったら良いのかについて、ちょっとだけ触れたいと思います。

フランス・ニースでのこと。私は毎日、マクドナルドに通っていました。

いつものように、1階のカウンターでコーヒーを頼み、2階の海の見える席に行った時のことです。

フタを開けてビックリ。紙コップの3分の1くらいにしかコーヒーが入っておらず、しかもその約半分が、コーヒーのカスで占められていたのです。

それまでにも、駅の受付などでさんざん差別的な行為に遭遇していた私は、ブチキレてしまいました。

即座に立ち上がり階段を駆け下りて、カウンターの上にカップをドン！と叩き付けました。

そして、怒鳴りました。

「なんだ!?　これは!!」

かなり大きな声だったと思います。

カウンターの中にいたフランス人女性は、驚いたように私の方をふり返りました。

それから、改めて私の顔を真正面からマジマジと覗《のぞ》き込みました。

私を見るその目を見たとき、はじめてこの女性に認めてもらえたような気がしました。最初に頼んだときには、まともに顔も見てくれなかったのです。

そして、戸棚の中から新しいコップを取り出して、丁寧な仕草でナミナミとコーヒーを注いで渡してくれました。

日本人が差別されるのは、黄色い顔をしているからではありません。ほとんどの場合は、われわれ日本人があまりにもオトナシすぎるからです。

外国人たち、とり分けてもアメリカ人やヨーロッパ人たちは何かというとすぐに文句を言います。中国人にも、そういう人が多いようです。自己主張をはっきりとする人が多いのです。

それに対して、たとえ理不尽なことをされても、日本人の多くは文句を言いません。とても行儀がいいと言えます。いや、良すぎます。だから、ナメラれてしまうのです。

今の若者たちのように、言葉を発せず、自分の意見を言えない者は、国際社会ではバカにされ無能の人間と見なされて、辺境に飛ばされてしまうことになります。

これから先、日本国内には諸外国の人たちがどんどん増えてくるでしょう。多人種・多民族国家になるのです。

彼らは、いちいち**空気など読んでくれたりしません**。

ハッキリと大きな声で自分の主張や要求をできない者は、生きる場所を失ってしまうでしょう。

もしも、この先の社会で生き残りたければ、とにかく大きな声でアイサツをし、自分の要求なり考えなりをキチンと言うトレーニングをしておいた方がいいと思います。

ＳＴＥＰ17「多人種・多民族社会を生き抜くコツ（ii）」

国際社会を生きるに当たって、きちんと自己主張ができることは最低限の条件でしょう。

しかし、そのために忘れてはならないことがあります。

われわれ日本人は、概して雰囲気に流されやすいようです。流行のファッションに敏感で、マスコミや権威を批判しながらもそれに影響されやすいという傾向も多々見られます。

また、〝みんなといっしょ〟であることを最重要視する人が、多数派でもあります。

不登校になった子どもたちに尋ねたときにも、いちばん恐ろしいこと（究極のイジメ）は『ハブられること』（仲間はずれになること）と、ほぼ全員が答えました。

それほどまでに、多くの日本人たちは集団の中にいることに執着しがちです。

これはおそらく他国と国境を接しない島国であること、ほぼ単一民族であったこと、それに農耕民族であったことにより、長い間に形成されてきた性向であるように思われます。

似たような人たちが、限られた空間で、お互いに助け合いながら植物を育てるという生活環境では、自我を持たない方がうまくいくかもしれません。

しかし、他人種・他民族たちと領土を接しつつ、競合し、ときには闘争しながら生きていくためには、自我は不可欠な要素となります。

その場その時に応じた的確な状況判断を下す必要がありますし、多人種・多民族社会という激流の中では、その急激な流れに流されないだけの**アンカー**となる〝**しっかりとした自我**〟が不可欠となるのです。

望むと望まざるとにかかわらず、きわめて近い将来に他人種・他民族社会になる可能性があります。

もはや、これまでの〝みんなといっしょ〟主義が通用しなくなることは明白です。

『自我』……それは、少なくとも今までのこの国の教育では獲得することは難しいと思われます。

むしろ、その育成を阻止しようとしてきたのが、戦後の教育システムだったとも言えるからです。

もちろん、それゆえにこそ急激な経済発展が成し遂げられたのだ、ということは否めないかもしれません。


しかし、これから先の社会では、これまでとは逆のコンセプトの教育システムに方向転換する必要がありそうです。そうでなくては、個人が生き残れないばかりか、日本という社会自体も消滅してしまいかねないと思うのです。

では、どうやれば良いのか？

それは、これまでとは180度方向性のちがった子育てと教育に変えることと、膨大な自由な時間が必要である。と、私は確信しています。

今までは、自我を縮小させるための教育と言っても過言ではなかったと思います。これからは、それを拡大するための教育に方向転換する必要があるのです。いや、とっくの昔に変えてしまわなければならなかったと思います。少なくとも私は、それを30年以上前から訴えつづけているのです。

子どもたちを乗せた船は、一直線に氷山へと突っ走っていたのに、誰も何の方策も講じなかったのです。

その結果として、教育は荒廃し、多くの子どもたちと若者が壊され、自我を育て損なった莫大な数の大人たちが浮遊しています。

それが、今日の日本社会です。

ともかくも、過去を嘆くばかりでは、状況は良くならないことも事実です。何もしないことは、後退することを意味します。

ガンバリさえすれば、どんなときにでも状況は打破できるのです。

〝やれば出来る！〟というのが、この本の主旨の一つでもあるのです。着手するのに遅すぎるということはありません。

いつでも、どこからでも、やれば出来ます。何ごとにせよ、あきらめたときには、人生は終わりです。そして、社会も。

〝自我を持つ〟……我々にとっては難事業であるその作業を実行するに当たって必要なこと。それは、やはり一見では**無駄**と思える**遊びの時間を豊富に持つ**ことだと思います。

何者からも左右されない自由な時間＝他者によって決められたルールのない遊びの時間です。

幼いときから大人の指示を受けて育った人々には、それは難問以上の超難問であるかもしれません。

しかし、努力するしかありません。

出来るだけたくさんのことに挑戦して、出来るだけたくさんの成功と挫折を経験して、出来るだけたくさん悩み抜く必要があるでしょう。

前項に挙げている一人旅や一人暮らしを経験することも、有効であるかもしれません。

STEP18「絶対値の大きな人間をめざそう！」

Kから学んだことが、もう一つあります。

それは〝**絶対値の大きな人間になる**〟ということです。

今の世の中には、片方だけの人間が多すぎます。

勉強しかできない人。運動しかできない人。遊びばかり熱心な人間などです。

そんな人間は、正直言って魅力に欠けます。ダイナミズムを感じませんし、どこかで行き詰まってしまう可能性が高いでしょう。

言うまでもなく遊んでばかりの人はダメですし、仕事ばかりの人間もダメです。

なんと言っても理想は〝よく遊び、よく働く〟ことだと思います。

そうでなくては、〝バランスの取れた人間〟とは言えません。


実際に〝やり手〟と言われる人たちには、よく遊んでいる人が多く、遊び方も上手です。そして、仕事も、普通の人たちの何倍もやっています。

私の所属していたダイビングショップの社長は、20才までは一冊の本さえ読んだことのないほどの劣等生でしたし、地元では有名なナンパ師でもあったようです。

数学や物理の成績は、いつも〝1〟。セックスのコトしか考えられず、学生時代には週末になるとサーフィンができないくせにサーフボードを担いで湘南海岸をウロウロし、ナンパに勤《いそ》しんでいたそうです。

しかし、卒業後には一転、自分で勉強会を主催するほど多くの本を読み、年中無休で働きつづけています。

深夜12時すぎまで会員さんたちと語り合っているかと思えば、早朝5時には他の会社経営者たちを集めて勉強会をやっていたりもしました。

もちろん、この勉強会は、今後の経営戦略を考えたり、地球環境について意見交換するだけでなく、飲み会やゴルフや海外旅行などの〝遊び〟を共有するサークルでもあったことは言うまでもありません。

私の同級生であるKは、正月もお盆も勿論ゴールデンウィークも働いていましたし、「相談したいことがある」と深夜何時に電話をかけても、かならず会いにきてくれていました。

他の健康な友人たちには、睡眠時間がなくなるという理由で断わられることがほとんどだったのです。

どうやら彼は、三〜四時間の睡眠時間で働いていたようです。心臓に穴が空いているにもかかわらず、です。

遊び方も豪快でした。お酒の強い彼は、飲む時は仲間を引き連れて何軒もハシゴをし、風俗店にも赴く。お金の足りない仲間がいた時には、彼が支払うことも度々でした。

9才までは、私よりも、他の誰よりも気の小さな人間であったはずの男でも、〝豪《ごう》放磊落《ほうらいらく》〟を絵に描いたような人物に変わることが可能であるということです。

27才にして３００坪の自宅を建てた彼の、年中無休で働く理由は、「動物は、正月もお盆も関係なく病気になるから」でした。

果たして、人間を診る医者は、どうでしょうか？　人間も、休日も祭日もなく病気になります。しかし、私の知っているかぎり、年中無休の医者の存在は聞いたことがありません。

大きな声でアイサツが出来るようになり、一人でも行動できるようになった人は、次のステップとして、ぜひとも**ダイナミックな人間**。つまり、**絶対値の大きな人間**をめざしてほしいと思います。

それが、あなた自身も、あなたの周りの人々＝家族や、社会全体をも救うことにつながることになるのではないでしょうか。

STEP19「行きづまったときこそがSTEP UPのチャンス！」

私は、今までの経験で〝**行きづまったときこそがチャンス**〟だと思ってきました。

世界のホンダを築き上げた本田宗一郎さんは、

「困れ！　困らなきゃ何もできない」

「困らなきゃだめだ。人間というのは困ることだ」

あるいは、

「問題にぶつかって、はたと困るということは、すばらしいチャンスだ」などと、おっしゃっています。

また、京セラやＫＤＤＩの創業者であり、あのＪＡＬを見事に復活させた稲盛和夫さんの場合は、

「安易な道はたいていの場合、ゴールへは導いてくれない」というような表現をされ

ており、さらに、世界企業のパナソニックを一代で築き上げ、経営の神様と賞賛されていた松下幸之助さんも、

「ことを成すのに、安易な道はない」

あるいは、

「苦労して積み上げていくのが、結局はものごとを早く確実に成就する道である」などと、ことあるごとに諭《さと》されていたそうです。

多くの若い人たちは、何ごとも順風満帆《じゅんぷうまんぱん》でなければならないと考えているように見えます。ほんのちょっとした壁に行き当たっただけで、物事を放棄してしまう人が多々みられるのです。

実は、そこから真の意味での前進がはじまることが多いのではないでしょうか。

うまく物事が運んでいるときには、ほんとうに真剣には取り組んでいないこともありがちですし、そのものの本質に気づいていない場合も少なくありません。

勿論うまくいっているときにも、熟慮している人が少なからずいるでしょう。でも、たいていの場合はそうではありません。

壁にぶち当たって初めて問題の本質に気づくということがあるのです。

たとえば文章を書いているとき、すらすらと文言が出てくるときはたいして悩みもせずに書きつづけていけます。

しかし、そんなときの文章には、得てしてヒッカカリがないものになりがちです。たとえて言うならば、ニュースを読むアナウンサーみたいなものです。彼は流暢《りゅうちょう》にヒッカカリなく、立て板に水を流すごとくに記事を読み上げていきます。それは、たしかに耳に心地よく響くし分かりやすいかもしれません。

これに対して舞台役者の場合は、ちょっと違います。すらすらと流暢にセリフをしゃべっていったのでは、観客の印象には残りにくいことが多いのです。むしろ、訥々《とつとつ》とヒッカカリのある言い方の方が、心に響く場合が少なくありません。

ですから、文章表現に行き詰まったときこそがチャンスなのです。ひょっとすると、燻《いぶ》し銀の舞台俳優のように、読む人を感動させることのできる文章を紡《つむ》ぎ出せるかもしれません。

そんなときは、おそらく右脳と左脳の両方の脳機能を活性化させているような気がします。

何時間も時間をかけ、ああでもないこうでもないと右往左往しながら、やっとのことでたどり着いたときにこそ、思いもしない深みのある表現を産み落とせることがあるのです。

本田さんも、車づくりの過程で、似たような経験をたくさんされたのだと思います。

現実の人生も同じです。

何かに行きづまると、人は落ち込みます。そして、悩みます。

そのときこそがチャンスです。日頃は使っていない頭のいろんな所をフルに動員して、問題と向き合うことができるようになるのではないでしょうか。

そもそも私が一人旅＝とりわけても外国旅行をするようになったキッカケも、人生が行きづまったからに他なりません。

20才のときに、死ぬに死ねず、生きるに生きられなくなったときに、自分の置かれた絶望的状況を打開するために断行したのが、アメリカへ行くことだったのです。

おかげで、人生の幅が何倍にも広がりました。何よりも、自分自身と自分が存在せしめられているこの社会について、様々のことを直感的に気づくことができました。

もしも人生に行きづまることがなかったならば、ヒッカカリも何もない無意味・無価値な人生を歩きつづけていたかもしれません。

ともかく、立ち上がり、前に進めるようになった人は、とりあえず壁にぶつかるまでは行ってみてほしいと思います。

そこから何かを手に入れることが、かならず出来るはずです。

〝壁との格闘こそが、人生の醍醐味《だいごみ》である〟

とさえ、私は考えているのです。

第3章　【若者が弱くなった理由】

①「教育方針の転換」

ある時点で、日本の子育てが方向転換してしまいました。
それはたぶん60年代のどこかでしょう。少なくとも、私の住んでいる町ではそうでした。

それまでは、学校では「休み時間は、外で遊べ！」と指導されていました。
昇り立ての太陽光線の差し込む早朝も、授業の合間の休み時間も、そしてもちろんうす闇の広がる夕方の放課後も。運動場は、子どもたちの歓声と熱気で溢れかえっていたものです。

ごく一部を除いたほとんどの家庭では、専制君主たる父親たちの「勉強するヒマがあったら、家業を手伝え！」とか「うちの商売にゃ学問はいらん！」などという怒鳴り声が、雷鳴のごとくに轟《とどろ》き渡っていたものでした。

それがある日を境に、１８０度ちがう方向へ変わってしまいました。

学校では「休み時間は、教室で勉強しなさい！」という説教に変わり、どこの家庭でも、母親たちの「勉強しなさい！」とか「学問をしてないとロクな大人になれないのよ！」などという声に取って代わられてしまったのです。

「子どもたちは、どこへ行ってしまったんだろうか？」

土曜日の昼下がり、誰もいなくなった公園のベンチに腰掛けて、クラスメートと語り合ったことがありました。

１９６９年。人類がはじめて月面に降り立った年のことでした。

月へでも行ってしまったのでしょうか？

ずっと昔、60年代のはじめ辺りまでは、道路が子どもの遊び場所でした。まだ舗装されていない土の道は、チャンバラやメンコやビー玉遊びをする子どもたちの天国だったのです。

64年。オリンピックが近づくと、土の道が舗装されて、車の数が急激に増えていきました。

道路を追われた子どもたちは、当時は町のいたる所にまだ残されていた空き地や原っぱや公園に遊び場所を見出しました。

私たちは学校が終わるや、カバンを玄関先に放り投げて、一目散にそれらの場所へと急いだものでした。

どこの場所も子どもでいっぱいでしたから、急いで行かなければ自分たちの空間を確保できなかったのです。

それほどに、どこもかしこも子どもで溢れていましたし、公園や原っぱは、子どもたちの挙げる歓声とエネルギーで爆発しそうな勢いが感じられたものでした。

だのに、わずか数年で、状況が一変してしまいました。

どこの空き地からも、どこの公園からも、子どもの姿が消え失せていたのです。まるでハーメルンの笛吹き男に、町中の子どもが連れ去られてしまったようでした。

子どもたちはどこへ消えてしまったのでしょうか？

その答えを知ったのは、それから10数年後、私が進学塾で働くようになった時のことでした。

②「勉強に明け暮れる子どもたち」

腰掛けのつもりで入った進学塾で、私は驚くべき光景を目の当たりにしました。大人の私が、それまでにやったことのないくらいの量の勉強を、小学生の子どもが日常的にやっていたのです。

私たちが外を駆けずりまわっていた年齢の時に、彼らは塾に通い、凄まじい量の勉強をこなしていました。

ビックリすると共に、こんなに勉強して大丈夫なのだろうか？　と、心配にさえなりました。

そう、ハーメルンの笛吹き男の正体は、学習塾の教師たちだったのです。そして、私自身が、その人さらいの立場になってしまうとは、公園のベンチで友人と語り合っていた時には想像もしていませんでした。

要するに、子どもたちは当時全国的に広がりはじめていた塾に通って勉強していたのです。

それはもちろん経済的に余裕のある家の子どもに限られていたわけですが、他の多くの子どもたちも、遊び相手がいなくなってしまったことにより、テレビを見るなどの過ごし方に変わっていたものと考えられます。

テレビは、東京オリンピックをキッカケにしてほとんどの家庭にすでに普及していたのです。

テレビゲームは、まだ登場していませんでした。ゲーム機が各家庭に行きわたりはじめるのは、70年代後半になってからのことです。

③「予測」

驚くべき光景を日常的に見ていた私たち塾講師たちは、ある予測を立てていました。

それは、次のようなものでした。

ⅰ）許容範囲を超えた量の勉強を押しつけられた子どもは、ストレスを溜める。溜め込まれたストレスにより、心が決壊するケースも出てくるだろう。

ⅱ）なかには、精神障害を起こす子どもが出現する。即座には障害が現れなくても、将来（高校生や大学生や社会人になってから）に発現する可能性もある。

（実際に精神障害を理由に高校を中退したり、精神疾患にかかって入院した子どもを複数確認している。バブル期が特に多かった）

ⅲ）また、無理矢理に引き上げられた学力ゆえに、高校や大学の知的レベルが著しく下がるだろう。

ⅳ）記号にしかすぎない受験知識の詰め込みにより、思春期を十分に経過しないままに成長した若者は、自我の確立に失敗し、アンバランスな大人になる可能性がある。

※「日本型アダルトチルドレン」または「空洞の大人」の発生。

ⅴ）そして、過剰な勉強によって溜められたストレスは、塾ではなくて学校や家庭で発散されることになるはずである。

vi）その結果として、家庭内暴力、学校内暴力、弱い者イジメが行なわれるようになり、学校に行けない子どもが現れるかもしれない。

viii）場合によっては、イジメ社会の被害者になった子どもが、凶悪事件を起こすことがあるかもしれない。

以上です。

１９８０年代のことでした。この頃、予備校生だった20才の男が、両親を金属バットで殴り殺す事件が発生しています。

④「ある子どもの例」

私たちの予測を裏付けるようなケースが、時を経ない内に現れました。

夏休みに入る頃でした。授業の直前に頭痛を訴える子どもがいたのです。

地元の小学校では、体育を含めてオール５。児童会長も務めていました。

「大丈夫か！　休んだ方がいいいんじゃないか？」と心配する私に対して、彼は答えました。

「大丈夫だよ。学校の授業中が休み時間だから」

彼は、授業中はずっと眠っているのだと言いました。塾では、学校の授業とは比べものにならないレベルの講義をおこなっていたのです。

学歴で苦労した中卒の両親の期待に報いるためにも、彼は痛み止めの薬を飲みながら、塾の授業だけはサボりませんでした。

そして、夏休みが終わり、二学期になって数日がすぎた頃、こんなことを告白したのです。

「クラスの生意気なヤツを、裏山に呼び出して殴ってやった」

彼のそんな行為は、その後に常態化していくことになります。

それは、校内暴力の嵐が吹き荒れているころのことでした。

子どもたちのストレスを、学校側は腕力で押さえ込みました。

体育教師を校長に据《す》えるなどの措置で、その暴風のごとき騒乱を沈静化させたのでした。

しかし、上へ向かっていたエネルギーにフタをされれば、それが下へ向かうことは明らかでした。

私たちの予測どおりに、その後の子どもの世界は展開していくことになります。

全国の学校が、イジメ社会へと変貌《へんぼう》していったのです。

⑤「すべての始まり」

60年安保闘争の挫折。すべての問題は、そこから派生していると、私は考えています。

なぜならば、それ以降に取られた経済成長路線に伴って、教育の空洞化が進められ、大家族制度も崩壊したと思うからです。

１９５１年。わが国は独立を回復しました。「サンフランシスコ平和条約」が連合国との間で締結されたのです（発効は52年）。

そして、その10年後に、日本中で大騒乱が巻き起こります。講和条約と同時に結ばれた「日米安全保障条約」の延長に反対して、日本全国の大学生や教員、労働者たちが、大規模な反対運動を行なったのです。国会周辺に駆けつけたデモ隊の数は、20万人とも30万人とも言われています。

それこそ社会主義革命が成立してしまうほどに大規模な運動だったと聞いています。

しかし、それゆえにこそ、東側陣営に鞍替《くらが》えされることを恐れたアメリカが強い危機感を抱いたのは当然と言えるでしょう。

もしも日本が敵側についてしまえば、戦後世界の経営戦略は成り立たなくなります。

〝日本の若者に頭（思考力）を持たせるのは危険だ〟という見方が広がったのも無理

からぬことだったかもしれません。

かくして、日本政府をバックアップするアメリカの力もあり、学生たちの理想ははかなくも挫折《ざせつ》してしまいました。

※あなたは「上を向いて歩こう」という曲を知っているでしょうか？　中村八大さんの作曲した歌は、坂本九さんの独特の歌い方で大ヒットしました。日本だけではなく、アメリカ全土でも大当たり。なんとビルボード誌で3周連続1位。キャッシュボックス誌では1カ月間1位を保ちつづけたのです。
日本歌謡曲史上、最大のヒット曲と言っていいかもしれません。東日本大震災の時の応援歌にもなったから、知っている人もいるでしょう。

あれは、安保闘争に参加し、挫折感を抱いた作詞者の永六輔さんが、その帰りに悲しさをこらえるために作ったものだと聞いています。


この闘争以後、我が国は経済大国への道をひた走るようになり、受験教育が加速度を増して行きます。

学生運動の闘士だった者もヘルメットを脱ぎ捨て企業戦士へと変身し、子どもたちは受験戦士となり将来の優秀なエリート士官になるべく、日々受験勉強に駆り立てられることになったのです。

学習塾が大都市に出現するのも60年代ですし、学校教育の場に偏差値が導入されるのもこの頃からでした。

中学校では定期試験のたびに成績が張り出され、生徒たちは成績争いに心を奪われるようになりました。

大人たちの目論みは当初の予測を越えて、見事すぎるほどの成果を収めたと言えるでしょう。

今や、頭を持たぬ幼稚で空虚な人間ばかりの国になってしまっているようにさえ見えます。

〝空洞人間の大繁殖〟という言い方は、いささか大袈裟《おおげさ》すぎるでしょうか。

「ロボット大国ニッポン」のキャッチフレーズが、本来の意味を外れて、**〝指示がないと動けないロボットのような人間だらけの国〟**という意味の侮蔑語《ぶべつご》に変わらなければばいいと心配しています。

⑥「家族の崩壊」

新安保条約の成立後に退陣した岸内閣の後を継いだ池田勇人内閣によって「所得倍増計画」が発表され、日本はこれ以降、経済大国への道をひた走っていくことになります。

日本の形が瞬《またた》く間につくり変えられていきました。

農地だったところに工場が建てられ、あるいは宅地へと変えられた所もありました。農家の働き手であった男たちは、次々に農業を捨てて工場労働者になっていきました。

実際に、私の通った小学校のクラスでは、小学1年生の時はクラスメートの半分以上が農家の子であったのに、6年生に上がる時にはゼロという状況になっていたのです。

それに伴い、大家族制が崩壊し、核家族へと形を変えていきました。

豊かな生活を手に入れた人々はガマンのきかない性格になり、核家族化によってますますガマンをしなくていい生活になっていったと言っていいでしょう。

祖父母や叔父・叔母など複数の大人に囲まれ、隣近所のオジさん・オバさんから叱られていた子どもがいなくなり、「勉強しなさい！」だけしか言わない親に育てられた子どもが多くなりました。


かつては、「オヤジがいちばん怖い」と言うクラスメートだらけでした。「オヤジが帰ってくると、ご飯も喉《のど》を通らない」と嘆く小学生ばかりと言ってよかったでしょう。

学校が、恐ろしい父親からの避難場所だった時代もあったのです。

実際に「勉強するヒマがあったら、家業を手伝え！」とか「うちの仕事には学問はいらん！」などという怒鳴り声を、幾度となく耳にしたことがありました。

そんな父親たちの声が、高度経済成長の過程で消えて行きました。

男たちは企業戦士となり、夜遅くまで残業し、土曜も日曜も接待に明け暮れるようになっていったのです。

父親のいなくなった家庭は、母親の手に委ねられ、子どもの教育権が父親から母親へと移っていきました。

戦争の敗北と安保闘争の挫折によって、男たちが自信をなくしてしまったことも原因の一つに挙げられるかもしれません。

アメリカという超大国に対する二度にわたる挑戦に破れた敗北感は、彼らにとって相当のものだったと思われます。

今や、核家族さえも崩壊し、母親と子どもだけの家族が増えています。

高校生の娘が自分の部屋にボーイフレンドを連れ込んで泊まらせても、何も言わない親の話を幾人からも聞いたことがありますし、大人になるまで一度も叱られたことのない人たちにも幾度となく出会ったことがあります。

ひ弱な若者の増加は、家族の崩壊と無関係ではないと思われます。

⑦「日本人の作法」

〝自然に遵《したが》う〟というのが、かつての日本人の生き方でした。
価値観が逆転したのは、明治維新がきっかけでしょう。西洋のシステムと思考様式を取り入れて〝自然を克服する〟ことの方に支点が置かれるようになりました。

そして今や、温暖化を初めとした環境破壊と人間破壊が、地球上のありとあらゆる所で起こりつづけています。
自然を〝克服すべきもの〟、〝乗り越えるべき壁〟と捉え、自分たち人間にとって都合の良いものに改善しようとしてきた結果が、逆に自分たちの首を絞める結果になってしまっています。

古来の概念《がいねん》をふり返るべき時期に至っていると思います。
自然に対抗し、自然を打ち倒そうとしたことで、ほとんど全てのものが自然の在り方とは逆の状態になってしまいました。

戦後はとくに、〝なんでもかんでもいっしょでなければ気がすまない〟人たちが増えました。だのに、格差はよけいに広がっています。

人々の平等主義が、逆に格差社会を産んでしまったようにも、私には思えます。

果たして、体重が１００kgの人と50kgの人にマラソンをさせて、同じタイムで完走させることが平等主義だと言えるのでしょうか。

一方にははなはだしく負担をかけてしまうことはまちがいありません。

そんなやり方の方が、かえって不平等な考え方だとは言えないでしょうか。

そんなふうな無理を強いてきた結果が、今日の格差社会＝不平等な社会へと導いてしまったのだと思われてなりません。

何万年もの間、人間は狩猟と採集の生活を送ってきました。洞穴の中で、女性は子どもを産み育て食事をつくり、男たちは外を駆けずりまわり、食糧を探し求め、狩りをしてきました。

女性は子どもを身ごもり、そして育むのに都合のよい身体構造をし、男は行動や格闘に適した体形になっています。

そんな長い期間にわたって自然に熟成されてきたそれぞれの個性を打ち壊そうとしてきたのが、明治以降の西洋化ないしは近代化であり、安保以後の平等思想だと見えないこともありません。

⑧「均一《きんいつ》主義は自己否定」

60年代以降の平等主義は個性の否定であると思いますし、それは取りも直さず自分自身の否定につながる考えだという気がするのです。

人は、生まれながらにしてそれぞれの個性を持っています。

太りやすい体質の人。大食いなのに痩身《そうしん》な人。お酒の強い人、弱い人。大ざっぱな人。神経質な人。考え込んでしまう性質の人など。親から受け継いだ体質なり性質がそれぞれにあります。

男・女という性別もそうでしょう。性別があるのは、必要性があるからです。もしも、何から何まで一緒だったなら、両性の存在する意味はなくなってしまいます。

その意味をなくそうとしてきたのが、平等主義という名の〝均一主義〟だと考えることもできます。

男として生まれてきたならば男として。女性として生を受けたならば女性としての在り方を追求し全うすることが、自然に遵《したが》った生き方ではないでしょうか。

それを否定してきたことが、今日の様々な問題を生んでいるような気がしてなりません。

戦後に壊れはじめた家族制度は、安保後には加速度を増してクラッシュダウンしてしまいました。

ところが皮肉なことに、日本人が憧《あこが》れお手本にしてきたアメリカでは、旧来の家族形体が生き残っている家庭が少なくありません。

そこでは、週末の過ごし方を生活の中心に据えている家庭が、意外なほどに多く見られます。

私の知っている家族もそうでした。この家庭では、夫婦それぞれの役割分担がはっきりしており、週末をどこでどのように過ごすかを決定するのは、大黒柱であるご主人の権限でした。

日頃は愚痴《ぐち》っぽい奥さんも、そのことについてはほとんど口を挟まずに黙って夫の決定にしたがっていました。

戦後民主主義のお手本であり、平等思想の先駆者でもあるはずのアメリカでは、それぞれの個性を大切にし、それを有効に利用する方向で日々の暮らしが営まれているのです。

それに対して、わが国では個性を認めようとせずに、それをつぶすことで平等という名の均一主義を押し進めようとしているように見えます。

言うまでもなく〝平等〟ということと〝均一〟ということは、似ているようでいて、まったく逆の概念だと言えます。

この誤った平等主義が、わが国の家族制度を崩壊させた元凶であるようにも思うのです。

日本古来の自然主義思想に倣うならば、均一主義をやめて、それぞれの個性を認めるようにすることからはじめなければなりません。男は男らしく、女は女らしく。そして**〝子どもは子どもらしく〟**です。

この当たり前のことを実行しさえすれば、ほとんどの問題は消滅してしまうはずです。少なくとも、私はそう確信しています。

⑨「当たり前の生き方」

「人生とは、重い荷物を背負いながら、坂道を登っているようなものだ」と言ったのは、徳川家康でした。私も、全くそのとおりだと実感しています。生きている時間が長くなればなるほど、そう思うようになりました。

たしかに人生を生きるということはつらい。ふっと力を抜けば、坂道を転がり落ちてしまいます。

だのに「きついことはイヤだ」と言っているのが、今の大多数の若者たちです。「坂道を登りたくない」と考えている者があまりにも多すぎます。

力を抜けば、坂道を転がり落ちて行くのは必定です。

どこまで？　……奈落の底までです。


人生は過酷です。社会で生きていくということは、簡単ではありません。そして、今後ますます生き抜いていくことが厳しくなると予想されます。

厳しい社会を生き抜き、過酷な人生を全うするためには、何をすればいいのでしょうか。

それは、そんなに難しいことではないと思います。当たり前のことを、当たり前にやればいいだけです。


子どもたちが壊れ、常識では考えられないような事件が起こっているのは、当たり前でない育ち方をしてきたからに他なりません。

〝遊ぶのが仕事〟であるはずの子どもが遊んでいないのです。十分に遊んでいない子どもが、当たり前の大人になれるはずがありません。

先述のアメリカ人家庭では、当たり前の子育てがおこなわれていました。それは、特別なことではありません。50年前までは、日本中のどの家庭でもおこなわれていたやり方なのです。

中学2年生の息子ダニーは、平日でも昼すぎには学校から帰ってきて、やがてどこかへ消え失せてしまいます。

夕飯どきになるまで、どこで何をしているのか、母親も知らないようでした。私たちの子どもの頃と全くいっしょです。

少なくとも、塾に通ったり、図書館で勉強しているなどという形跡はありませんでした。

驚くべきことに、彼の部屋には、学校の教科書はおろか、参考書も問題集も、ノートも筆記具も、いっさいの勉強道具が見当たらないのです。

あるのは、口径3・5センチの天体望遠鏡と、日本製のラジカセだけという状況でした。

私たちも遊びまわってばかりいましたが、ひと通りの勉強道具は取りあえず持ってはいました。

だから、私は質問しました。

「勉強道具は持っていないのか？」と。

するとダニーは、なぜそんなことを訊くのか？　というような訝《いぶか》しげな顔をして、こう答えました。

「勉強道具は学校のロッカーに置いてあるよ。勉強は学校でやれば十分じゃないか」

当然の答えだったと言えるでしょう。そんな彼はその後に地元のハイスクールを経てＵＣＬＡ（カリフォルニア大学ロサンゼルス校）で物理学を専攻し、ＮＡＳＡに就職したと聞いています。もちろん研究者としてです。

これに対して、多くの方々はこう反論されるかもしれません。

「それは彼が元々優秀だったからにちがいない」と。

たしかに、東大法学部に進学した私の同級生は、中学生の頃から遊びを犠牲にして勉強していました。高校では、どんな部活動もしていなかったと思います。

しかし、子どもらしい生き方を犠牲にして進学した者が、まともな大人になれるのでしょうか？

そんな人間に、まともな行政が行なえるものなのでしょうか？

そんな人間が行政に携《かか》わっているから、この国はイビツなユガミ方をしたのだとは言えないでしょうか？

ちなみに大学のランキングでは、ＵＣＬＡ：13位。東大：23位となっています。

（Times Higher Education 2014-2015）

⑩「当たり前の家族の復活」

人間は、つくづく環境の動物だなあと思います。

私の周りの若者たちを観ていると、家庭環境の影響の大きさを痛感しないわけにはいきません。

大学生の派遣業務をやっていたときに分かったことは、全４０００人からの登録者の内、まともな学生は20人にも満たないということでした。率にして０・５％にすぎません。

〝まとも〟というのは、もちろん特別という意味ではありません。

〝ちゃんと約束を守る〟〝きちんとアイサツが出来る〟という程度の意味です。

他の99・５％の者はドタキャン当たり前。連絡もしないでスッポカす。時間を守らない。監視者のいない所ではサボる。アイサツも返事もできない連中でした。

こんなことがありました。引っ越し業者から派遣の依頼が来ました。人数は五人。その仕事の経験のある工学部の学生を指名して、私は他県へ引っ越しの手伝いに行っていました。

午前10時。荷造りをしていた最中に電話がかかってきました。

なんと一人しか来ていないと言うのです。

その五人は、私の信頼している学生たちでした。その日は土曜日でした。仲間からの遊びの誘いが入ったのかもしれません。

まさかそんなことが起こるなどとは露《つゆ》ほども考えていなかったので、手元に連絡先を記したノートも持って来ていませんでした。打つ手がありませんでした。謝ってどうにかなる問題でもありません。私は受話器を耳に押し当てたまま、何も言うことができず、呆然とするしかありませんでした。向こうも無言のままでした。数分間が経過しました。たぶん、10分間は経っていたと思います。やがて向こうから電話の切れる音がしました。

その3カ月後に、その引っ越し業者が倒産してしまったことは言うまでもないことです。

私たちの学生の頃は、アルバイトとプライベートな事が重なった場合には、アルバイトを優先するというのが当たり前でした。それが、常識だと考えていました。実際に、飲み会やデートの誘いを泣く泣く断わったことが何度もありました。アルバイトと言えども、社会的な責任があります。突然に休むなどという行為は、あり得ないことでした。

今は、違っています。４０００人の学生の内で、私たちと同じ感覚を持っているのは、十数人にすぎないことになります。

これは、いったいどういうことなのでしょうか？

学生が幼稚になったことは確かなことでしょう。普通に18才の思考力があれば、分かることのはずです。

彼ら・彼女らの話している内容は、確かに幼稚です。受験勉強しかさせられて来なかったということも、要因としては大きいと思われます。

けれど、やっぱり家庭教育に根本の原因があるように思えてなりません。

その根拠《こんきょ》は、当たり前のことのできる（信頼のおける）十数人の学生の育った家庭は、例外がないほどに昔風の家庭環境だったからです。

つまり、父親の存在がはっきりしており、家事をちゃんとやれる母親がいて、複数の兄弟姉妹がいるということです。

もう少し言うならば、市外の農家出身の者の中にしっかりしている者が多いようです。打たれ強く、ガマンが効《き》き、向上心のある子は、私の周りでは決まって農家の子どもです。

これに対して、市内＝都市部に育った者には、その反対、打たれ弱く、ガマンが効かず、現状の生活を守りたいと言う意識の若者が多いように感じます。

市外の農村部には、今も自然が豊富に残っています。そして、父親を中心とした生活形態の家庭が一般的です。さらに、祖父母のいる家庭の子に、私たちの世代と似た価値観を持っている者が多いということも分かってきました。

市内の方はと言うと、片親だけの家庭が目につきますし、父親がいても、その存在がはっきりしていないケースが少なくありません。

子どものしつけと教育を、お母さん一人でやっていることが多いのです。

とくに夜の世界となると、離婚家庭の子やシングルマザーによって育てられた人たちだらけと言っても過言ではありません。

夜の仕事が悪いわけではありません。資本主義社会においては、その存在は重要です。中には昔と同様に、政治経済について勉強し、文学や芸術に精通していて、日々努力を重ねている女性たちもいるにはいます。

しかし、残念ながら大半は、学校や会社をやめた人たちの受け入れ先になっているのが実情です。ラクして金が稼げるからという理由の者たちも少なからず見受けられます。

母子家庭、あるいは優しすぎるお母さんに育てられた人、父親の存在感の希薄な家庭に育った人は、たしかに優しい性格であることが多いようです。

ですが、その反面ではワガママで打たれ弱い傾向も見られます。中でも一人っ子となると、自己中心的であるケースも少なくありません。

ニートやフリーター、ヒキコモリの人々の中に、そういう家庭環境に育った人が多いという事実は否めないところです。

もちろん、全てがそうであるわけではないでしょう。少なくとも一人は、母親だけに育てられて立派な大人になっている例を知っています。

彼は、幼い頃に父親が病死して、デパートで働く母親によって育てられました。しかも一人っ子でした。

とても素直でクラスメートたちからの人望もあり、中学校ではサッカー部のキャプテンをしながら生徒会長も務め上げました。

中学1年から私の働く塾にやってきたのですが、どんな先生の授業も、細大漏《さいだいも》らさずにきちんとした姿勢で聴いていました。

今どきの大多数の子どもたちは、教師の人柄を見ます。恐そうな雰囲気の先生の授業は襟《えり》を正して耳を傾けますが、私のようなヤワな教師の授業は聴こうとしません。隣の生徒と話をしたり眠りこけていたりするのです。

ところが、彼は、どの先生の講義も、もちろん私の講義も同じ姿勢で等しく真剣に耳を傾けていました。

そんな彼は、当時日本でもっとも入るのが難しいと言われていた私立高校に合格し、東大の理学部に入って、その後はそこで研究者になったと聞いています。

ですから、片親の場合でも、お母さんが教えるべきことを教え、ある程度きびしく躾《しつ》けられれば、ちゃんとした大人に育つことも可能だと思います。

しかし、それはきわめて稀《まれ》な例と言っていいかもしれません。ほとんどは、能力はあってもどこかで挫折してしまっているケースばかりと言っていい現状なのです。

くり返すことになりますが、男と女とは、まったく違う個性を持っているものです。感覚も違えば、考え方も違っています。違っているからこそ、両性の区別のある意義があるのです。

全く個性の違う二人の親に育てられてこそ、バランスの取れた大人に育つことができるのではないでしょうか。

それは、言わば車の両輪のようなものです。右と左のタイヤがそろって初めて走り出すことができるのです。片輪だけでは真っすぐに走行することはできません。

なぜ、離婚家庭が増えているのでしょうか？

それは言うまでもなく、ワガママになったからです。日本人たちが、ガマンの利かない性格になっています。

ここにＤＶの連鎖ならぬ離婚家庭の連鎖があるようです。ＤＶを働く人は、その人自身も親からDVを受けていたケースが多いという報告があります。これと同じように、離婚家庭に育った者は、自分も離婚するケースがどうしても多くなってしまいがちです。

離婚の増えている理由がもう一つあります。

それはイージーな気持ちで結婚して、イージーな気持ちで子どもを産み、イージーな気持ちで別れる人が多いという実情があるからです。

セックスの意味も分からずに性交をし、結婚することの意義も、子育ての難しさについても、何も分からないままに結婚しているカップルだらけだと言っても過言でありません。

まさに子どもが子どもを産みつづけている状況です。

これについても、親の教育力のなさが原因だと思います。今は、生き方や考え方はおろか、社会常識や行儀作法についてもちろん、料理のやり方さえ教えられていないケースも少なくありません。

「勉強しなさい！」しか言えぬ親。受験勉強しか教えられない教師が増えたせいでもあるでしょう。

当たり前の家庭＝普通に父親がいて普通に母親がいる環境に戻せば、それだけで今日に起こっている悲惨な事件やニートの増加といった現象は、ずいぶん緩和《かんわ》・減少するはずです。

無論、死別などの不可避の事情で母子だけの家庭になったケースもあるでしょう。また、そのような家庭状況を否定的に捉えているのはケシカランという批判もあると思います。

申しわけないと思います。しかしながら、打たれ弱い人、ワガママな人、仕事をしていない人、人間関係でも仕事の面でも長つづきしない人の生育環境を見た場合、圧倒的に偏った家庭環境に育った人が多いことに気がつくのです。

言い添えておきますが、私の両親も離婚しました。私自身が片親の家庭に育ったのです。

その経験から言えば、やはり、両親不揃《ふぞろ》いの家庭で育つのは、かなりのハンディキャップを背負わざるを得ないと思います。

私の場合、母親と暮らした後で、思春期のときには父親と暮らしました。それだけに、余計に両者の違いを知ることができたと思います。物の見方、世界観、人生観など、母と父では何から何までまったく違っていたのです。

そんなわけですから、男の子の場合、女性論理で育てられることの無理を、どうしても感じないわけにはいかないのです。

それに前章に記しましたように、担任たちの横暴な指導が当時はまだ行なわれてもいました。

今は、そんな指導ができません。周り中が優しい大人だらけであるか、または極端に暴力的であるかのどちらかに偏《かたよ》っているケースが多い現状です

〝バランス〟ということが重要であると思います。人の体もバランスが崩れた時に病気になりますし、食生活の面でもバランスが大事であることは言うまでもありません。

社会全体も、著しくバランスが失われた時に崩壊《ほうかい》してしまうと予測されもするのです。

それらと同様に、いや、それら以上に、子育てと教育には、バランスという要素が必要不可欠だと強く思われます。

普通の家庭を築いて、普通の生活を営むということは、現代社会においてはきわめて難しいことかもしれません。

しかし、そうであることがベターであることはまちがいないでしょう。

バランスの取れた当たり前の家庭を目ざすためにこそ、ほんの1ミリからの自己革命をやっていく必要性を強く感じるのです。

⑪「反抗期について」

最近……と言っても、これも40年くらい前からですけれども、反抗期のない子どもが目に付きはじめています。やはり男性に多いような気がします。

そして、高齢になっても〝ニート〟であったり、〝オタク〟生活をつづけていたりする人の中に、十代のときに反抗期を持たなかった人が少なくないようです（私の知っている人では一人の例外もいない）。

言い方を変えれば、思春期たるべき中学・高校生のときに〝いい子〟をつづけてきた人たちであるかもしれません。

この〝いい子〟には、二つのパターンがあると思います。

一つの典型が、母親たる母惑星の引力圏から脱出すべき時期に〝イジメ〟などの災《さい》禍《か》に遭遇し、一人立ちすることに強烈な不安を感じてしまったケースです。彼はそのまま母惑星から離れる勇気を失ってしまい、その周りを回りつづけてしまうことになる確率が大きくなってしまいます。

もう一つの典型が、〝いい子〟であろうとする気持ちが強すぎて、この時期を受験勉強などに費やしてしまった人たちです。

思春期……母親の一部または付随物《ふずいぶつ》であった子どもが独立に際し〝自分とは何者なのか？〟、〝これからの長い人生をどのように生きていけばよいのか？〟、さらに〝自分というものの所属しているこの社会や世界は、いったいどのような所なのか？〟……について考え、思い悩む時期のことです。

一般的には、だいたい11、12才ぐらいに始まり、17、18才あたりまでつづくものとされています。

つまり、母親という母惑星の衛星であった子どもが、その引力圏を脱出して、一人前の独立した衛星に成長するための試行錯誤《しこうさくご》の時期こそが、思春期であり、同時に、巨大な母惑星の引力を振り切るための逆噴射エネルギーこそが反抗期であると考えられています。

ちょうどそんな時期に、学校などでイジメに遭ってしまうと、彼は社会という宇宙に巣立つことを不安に思い、恐れるようにさえなってしまいます。

そんな不安や恐怖の心理が逆噴射エネルギーを封じ込めてしまい、反抗期のチャンスを奪ってしまうのではないでしょうか。

そのような過程を経て、十代の時期を通り越してしまった者は、一生涯、母惑星の衛星のままでありつづけるしかなくなるケースがほとんどと言っていいでしょう。

これが〝日本型のアダルト・チルドレン〟の一つの典型だと考えられます。

普通は、年齢に応じて興味の対象が変わっていくものです。読書の傾向も、音楽の嗜好《しこう》も、遊びの種類も、歳を取るとともに変化して行くのが普通ではないでしょうか。ところが、いくつになっても、マンガ・アニメの世界から抜けられない。20才になっても、30才を過ぎてもゲーム機が手放せない。十代の時に嵌《はま》っていた音楽を、中年になってからも愛聴しつづけているなども、この範疇《はんちゅう》に入るかもしれません。

人が何を好もうと大きなお世話だ！　と言いたいでしょうが、やっぱり20才を過ぎたら、大人たる存在になるべきだと思います。

個々人には、その責務があると思うのです。

なぜならば、選挙権が与えられるということと、結婚して子どもを育てる必要性が出てくるという二つの理由からそう思います。

一国の主権者になるのですから、確固とした主義主張を持つ必要がありますし、客観的な判断力も不可欠になってきます。

また、子どものままで、子どもに何が教えられるというのでしょうか。


無論、マンガを読んでいようが、ゲームに嵌っていようが、確固とした信念を持ち、きちんと子育てをやり抜いている人ならば、それでもいいでしょう。実際に、そんな人を知っています。

しかし、現実的には、そんな人はきわめて少数派に過ぎないと思われます。


また、受験勉強に没頭するあまりに思春期を逃してしまった者たちは、大学を卒業して就職した後の20代半ば辺りから思春期が始まるケースが多いようです。

この場合は、前者ほどに程度は深くはないかもしれませんが、自分の思想や哲学を持つという点においては、よりいっそう深刻な例がないわけではありません。

精神的に自立していない子どものままの人が子どもを産み、育ててきた結果が、今日の若者の劣化を招いているという側面も確かにあると思うのです。

ですから、そんな状態から一刻も早く抜け出してほしいという一心で、この本を書いた次第でもあります。

⑫「縮小志向と下降志向」

最近の日本人全体を見ていて強く感じるのは、**〝縮小志向〟**と**〝下降志向〟**という二つの方向性です。

そして、この二つのベクトルの行き着く先は、両方とも**衰退**、もしくは**消滅**です。

わが国だけではなく、世界全体が保守化しているところを見れば、人類全体が後退期に入っているのではないか？　と思うことも屡々《しばしば》あります。

本当は、今は、一人一人が地球全体のことを思いやり、その保全のために力を合わせるべき時だと思います。環境の悪化は、国境を越えて人類全体で立ち向かうべき難題であることは間違いないからです。

しかし、現実は〝自分の国だけが良ければいい〟〝自分の家族だけが幸せならばいい〟〝自分だけが金持ちになればいい〟などと考える傾向が強まっていやしないでしょうか。

つまり、**精神の矮小化《わいしょうか》**と**視野の狭小化《きょうしょうか》**が、世界中の人々に起こっているように感じるのです。

不安定な経済状況が、人々の心を狭くしているということも考えられます。ですが、不安定な状況であればこそ、世界中が連携し協力し合わなければ、本質的な解決には至らないでしょう。

もはや、経済も環境と同様に、国境を越えて繋《つな》がってしまっているのです。

さらに、わが国の場合ではバブル経済が崩壊した後に、それまでの上昇志向が一転、人々の心が下向きに変わってしまったようにも感じられます。

〝今のままがいい〟〝ラクがいい〟。すなわち〝人の話を聞こうとしない〟〝読書しない〟などは、その現れのような気がしないでもありません。

また、若い女性たちがダメ男と付き合いたがるというのも、下降志向の一つの形であるように思えます。

一概《いちがい》にそれがいけないとは言えないでしょうが、男性を発奮《はっぷん》させるという観点に立てば、ますます男たちをダメにしてしまう結果に終わるのではないでしょうか。

私は「向上心」というのは、成長期の若者ばかりではなく、歳をとってからも持ちつづけるべきものだと思っていますし、絶えず自分の心を大きくしようと努力することも、人として忘れてはいけないことだと考えています。

〝自分を向上させたい！〟〝自分たちの社会を発展させよう！〟〝より良い世界になってほしい！〟という気持ちがなければ、個人も国家も世界全体も、どんどん凋落《ちょうらく》の方向へ向かってしまうと思っているのです。

世の中を生きて行くという行為は、自転車のペダルを漕《こ》ぐ行為に似ているような気がします。前進することをやめれば、すぐさま転倒してしまうしかありません。

上を目ざそう、または前進しようと常に心がけていなければ、ズルズルと後退してしまうのがオチです。

ですから、大きな人間になりたいと絶えず自分自身を叱咤しないことには、知らず知らずのうちに狭小な人間へと収束していき、気がつけば自分の存在意義を見失ってしまうことになりかねません。

宇宙を見てみてください。恒星や惑星や、その集まりである銀河は、莫大な数で存在しているけれども、その本質はあくまでも暗黒です。

圧倒的領域を占める暗黒スペースの中に、星々は輝きを放ち、その恩恵を受けて、われわれ生物は生息しています。

太陽が絶えず燃焼しつづけることによってのみ、われわれの地球は存在を維持できているのです。

フッと息を抜けば、宇宙の暗黒の中に吸収されてしまいます。人生も同様です。

その意味では、生きていくとは、ある意味、堕落《だらく》や衰退に対する**抵抗**ないしは**闘い**でもあると考えることもできるのです。

絶えなる向上心を持つことは、生きて行く上では、必要不可欠な条件であると確信しています。

⑬「未成熟な人々」

子どもの頃、アリの巣を破壊したり、ヘビやカエルを無闇に殺す男の子たちがいました。むしろ、そういう行為を行なう子どもの方が多数派だったとさえ言えるでしょう。

それが、ある年齢を境目にしてパッタリと彼らは殺戮《さつりく》行為をやめてしまいます。彼らに聞いてみると、ほとんどの者が

「良く分からないけれども、ある日突然、それまでやっていた自分の行為が酷《ひど》いことだということに気がついた」

と言うのです。

これは、それまでには持っていなかった**感情の抑制《よくせい》機能**や**善悪を判別する能力**が芽生えたことによると考えることができます。では、それらの能力は彼らの内のいったいどこに根付いたのでしょうか。

それはたぶん、人間としての理性を司っていると言われる前頭葉。とくに制御能力の在処と考えられている前頭前野《ぜんとうぜんや》が発達したことによると考えることができます。

つまり、その部位が成長したことによって、幼児期に持っていた攻撃情動が**コントロール**されるようになったと見るべきではないでしょうか。

この20～30年の間に、子どもと若者の起こす異常な事件が発生しつづけています。古くは宮崎勤事件や酒鬼薔薇事件、最近では秋葉原事件や佐世保の同級生殺害、さらには名大生事件等々。

これらは、単に性格異常とかストレス過多による犯行などといっただけの説明では片付けてはいけないという気がします。

アメリカ・コロラド州で起こった高校生による銃乱射事件の際、加害少年たちの脳の断層写真を撮影したところ、前頭前野に当たる部位の灰白質が、健常者と比べて著しく薄かったという報告を聞いたことがあります。

つまり、通常では考えられないこれらの事件を起こす子どもや若者の場合、**前頭葉の未発達**もしくは**萎縮**《いしゅく》（後退）といった現象が起こっていると考えられるのです。

では、なぜそのようなことが起こり得るのかというと、一つに、やっぱり子どもの頃に子どもらしい遊びを行なっていないということが挙げられるのではないでしょうか。

子どもは、自然の中を自由にノビノビと遊びまわることによって、身体も脳も健全に成長させていくことができるのだと思います。実際に、テレビゲームをやっているときの子どもの脳を調べた場合には、前頭葉部分への血流量低下が見られるという調査もあります。

前章までに述べてきたように、1960年代以降に増えた学習塾へ通うことによって、遊びの時間が著しく減ってしまいました。

さらに70年代後半期からはテレビゲームの普及によって、外で友人たちとコミュニケーションをとりながら遊ぶという機会も、ますます失われてしまいました。

それらのことが、前頭葉の発達を妨げ、あるいは萎縮を決定づけたと考えるのが妥《だ》当《とう》な気がします。

少なくとも最近の事件を見るかぎり、佐世保で起こった児童同級生殺害のケースにしろ、和歌山の小学生殺害事件にしろ、むろん名大生の場合においても、それぞれエリート家族の子どもであったり、成績優秀者であったりします。

ということは、すなわち、子ども時代に充分な遊びをしないままに勉強過多の生活を強いられてきた可能性が高いと考えることができます。

彼ら極端なケースにかぎらず、この半世紀ほどに育った人たちは、概して著しく幼稚に見えます。ややもすれば高校生が幼稚園児に見え、大学生が小学生くらいにしか感じられないことが少なくありません。

事実、情動（行動抑制《よくせい》）テストの結果において、実年齢よりも10才近く幼いケースが多々見られるという報告もあるくらいです。

要するに、不自然すぎる育ち方が異常な事件を引き越したのだ、と言い切っていいように思えるのです。

私は、進学塾で働いた経験から、過多な受験勉強の弊害《へいがい》をずっと以前から訴えてきました。今更ながらに、ますますその感を強くする思いです。

⑭「人間としての自信のつけ方」

〝自信を持つ〟ことは、なかなか難しいことだと思います。

「どうやったら自信が持てるのか？」

という質問を、塾の生徒たちからも頻繁《ひんぱん》にされていましたし、20代の若者たちからもちょくちょく尋ねられます。

経験的に言えば、成績の優秀な者でも、そうでない者たちでも、誰も一様にコンプレックスを抱いているようです。

私の父は、日本でもっとも入るのが難しい学校を出ていますが、コンプレックスの塊《かたまり》でした。

また、私の教えた生徒たちの場合、文科Ⅰ類（法学部）はもちろん、東大理科Ⅲ類（医学部）に進学した者たちでさえ、浅からぬコンプレックスを見て取ることができました。

要するに、少なくとも今の教育システムをつづけるかぎり、私たちは劣等感というトラップから抜け出すことは出来ないということになります。

むしろ、劣等生だった人たちの中に、自信家を見いだすことが可能なくらいです。

バブル期の頃、私はダイビングをやっていましたが、仲間の内で上昇志向に満ち、企業を立ち上げた経営者たちの中に、自信家が多かったように感じます。

週末ごとに催される飲み会の席で、「数学は0点しか取ったことがない」とか「物理の成績はいつも1だった」とか「高校生時代はケンカとナンパしかやっていなかった」とか。

彼らは自分たちが〝昔いかに劣等生で、いかにワルであったか〟を告白し合うのです。

しかし、そのどこか誇らしげな口調の中には、あたかも劣等生自慢をしているかのような響きさえ感じ取ることができました。

そういう彼らは〝遊びほうけていたから成績は最悪だったけれども、やりさえすれば一番を取ることができるのだ〟という思い込みを抱いているというのが、共通点だったかもしれません。

つまり〝自信〟も〝自信の欠如《けつじょ》〟も両方とも、単なる思い込みでしかないような気がするのです。

そもそも〝自信のあること〟が良いことなのか、持たない方が良いのかについても、答えの出しにくい問題であると思います。

自信のある人は、得てして努力をしないものです。私の教えた生徒たちたちでは、むしろ劣等意識が強かったからこそ、東大まで進むことができたのだと言い切っていいように思います。

つまり〝自分は、他人より劣っているから、他人の二倍以上の努力をやらなければ他人に勝てない〟というような劣等意識です。

一方で、〝企業を立ち上げる〟とか、〝外国人と対等に渡り合っていく〟などという時には、自信がなければ難しいようです。自信家の方が有利であるようにも思うのです。

今、私の周りにいる若者たちに関して言えば、きわめて自信のない者たちが多すぎるように感じられます。

現代日本人の元気のなさは、自信のなさがもたらしたものかもしれないなあと感じることがあるのです。

そこで、あえて自信を持つ方法を二つだけ提案したいと思います。

一つめは、単一の価値観を捨てて、**多様な価値観を持つ**ようにするということです。

私たちの世代では、たとえ学校の成績が悪くとも〝相撲《すもう》が強い〟とか〝メンコがうまい〟とか〝カブトムシを捕まえるのが得意〟とか、何か一つでもいいから得意分野を持つことによって自信を抱き、クラスメートたちからの尊敬を勝ち得ることもできていました。

そして、そうであることによって、それから先の長い人生を行きて行く勇気も得ていたのだと思います。

60年代以降は〝勉強の成績〟だけによる人の値踏みに偏《かたよ》ってしまった感があります。

最近の大人たちの社会では〝肩書き〟や〝出身校〟や〝お金持ちかどうか〟だけで人

の等級を決める傾向が強まっています。

もっと多様な価値観を持つべきだと思います。〝お金持ちではないけれども、とても優しい〟とか〝学歴はないけれども、やる気だけは他人に負けない〟とか〝肩書きはないけれども、人を褒《ほ》めるのがとても上手である〟とか。

たとえ、他人は評価してくれなくとも、自分自身でそれを誇りに思えば、自信が持てるのではないでしょうか。

そう、**〝他人の評価を気にしすぎる〟**という傾向も、あまり感心しません。要は、**自分自身がどうであるか**だと思います。

他人からバカにされようが、どんなに貶《けな》されようが、あなた自身が自分を認めてあげればいいのです。

かく言う私には、何も他人に誇るべきものがありません。学校時代の成績も普通でした。特別な学歴も肩書きも一切ありません。

何かの特殊技能や資格も、まったく持っていません。手先が器用なわけでもなく、お喋《しゃべ》りも下手です。

何も、得意分野を持っていない私ですが、自信だけは持っています。自信を持てるように努力してきたからです。尊敬する同級生を見習い、たえず自信があるように振る舞ってきました。

根拠《こんきょ》なんてありません。**単なる思い込み**です。それが、二つめの方法です。

小学校2年生まで、イスから立ち上がる勇気さえなかった私ですが、今は、たとえ何千人の集まる場所でも、自ら立ち上がって自分の意見を大きな声で主張できます。アメリカ人に対しても、ヨーロッパの人たちに対しても、互角以上に渡り合ってきたと思います。

家族を支えていくことができて、三度のご飯にありつけ、出来れば趣味の写真をつづけられて、年に一回だけ貧乏旅行に出かけることができれば、それ以上のお金を持ちたいとも思いません。

紙切れや預金通帳の数字などは、はなから信用していないのです。ですが、この先、どのように社会が変化したとしても、そこそこにやり抜いていく自信はあります。

高学歴で典型的な優等生であった父は、「おまえは、なぜそんなに自信があるのか？」が、生前の口癖でもありました。

明らかに自分よりも低学歴で社会的地位も低いのに、自信があるように振る舞える私のことが、不思議でならなかったようです。

あなたも自信を持ってください。

それは思い込みにすぎません。それは、肩書きでも社会的地位でも、もちろん成績や学歴でも、預金通帳の数字でもありません。**人間としての自信**です。

そのためには、第2章に挙げたことを、根気強く実行していけばいいだけです。

私は、そうやって少しずつ自信をつけてきたのです。

終章【ほんとうに大事なこと】

この50年間、私たち日本人は、勉強することとお金儲けにはもの凄いエネルギーをつぎ込んできました。ビックリするほどの情熱です。

しかし、それ以外の努力はというと、ほとんどやられていないのが実情ではないでしょうか。

以前は、行儀作法とか、挨拶《あいさつ》とか、家業の手伝いとか、女性の場合は立《た》ち居《い》振《ふ》る舞《ま》いや貞操観念《ていそうかんねん》ということについて、とてもうるさく言われていました。

それが、ある日を境に逆転してしまいました。それらがいっさい備わっていなくても、勉強の方がはるかに重要な優先事項へと登りつめてしまったのです。

その結果、何百年もつづいてきた伝統的な技術や職業が消滅しようとしています。すでに消滅してしまったものも数多くあります。

農業も消えようとしていますし、豊かな自然もなくなりつつあります。

さらに昨今では、それらを犠牲にして構築してきた工業の分野さえも消え行く運命にあるように見えます。

これでは、いったい何のために努力をし苦労を重ねて、工業化社会を築いてきたのか分かりません。

ほんの一時期＝たかだか40年くらいの贅沢《ぜいたく》をするために、日本社会の基盤である第一次産業や伝統工業を叩きつぶし、それらを犠牲にしてしまったということになりはしないでしょうか。

そんなことが許されるのでしょうか⁉

個人においては、どんなに性格が悪かろうが、社会常識が備わっていなかろうが、行儀作法を全く知らなかろうが、家事ができなくて娼婦よりも性経験が多かろうが、勉強さえ出来て一流大学卒の学歴さえ手に入れれば〝それで良し〟。そんな風潮になってしまったように感じます。

それが、現在の日本社会の姿なのです。

果たして、それで良いのでしょうか。そんな考えの行き着いた先が、現在の行き詰まった社会であり、今のヒヨワでやる気のない若者たちであり、あまつさえ残虐な行為を平然として行なう子どもまでを産み出す社会になってしまったのだとは言えないでしょうか。

私は、旧約聖書に載《の》っている「ソドムとゴモラ」の話を思い出さないわけにはいきません。

姦淫《かんいん》におぼれ道徳を見失ってしまった住民たちの姿を知った神さまが激怒して、天からの業火《ごうか》で焼き滅ぼしてしまったというあの街の話です。

勉強よりも、もっと大切なことがあると思います。それは、人間としての土台に当たるものです。

土台が出来ていなければ、その上にどんなにお金をかけて豪華な家を築いても、ちょっとした風で吹っ飛び、わずかな地震でも崩れ落ちてしまいます。

たしかに、豪華な家を築いた方が見栄えはいいでしょう。外見ばかりを気にして、中身をおろそかにしてきたのが、現代日本人たちの実態でもあるのです。

その結果が、見栄えは悪くても土台のがっかりしている外国製家屋に取って替わられようとしているのです。

土台をつくり直す必要に迫られています。

その作業は簡単ではありません。土をほじくり返して鉄骨を組み立てセメントで塗り固めなければならないのです。

手間がかかります。時間もかかるでしょう。

でも、やるしかないと思います。

小さなスコップで土を掻《か》き出し、森へ行って木を切り出す作業からはじめる必要があります。

巨大台風や巨大地震が来ても大丈夫なように。

やればできます。自分自身を信じることです。最大の問題は、本気でやろうとするかどうか、です。

これから先の社会は、さらに生存競争が激しくなっていくことが予想されます。なんとしてでもより強い自分をつくりあげていく必要性があるのです。

「巨大なプールの水でも、とりあえずオチョコで汲み出す作業を実行できる者こそが、成功できる可能性のある人間だ」と言った経営者がいました。

５０００歩におよぶフルマラソンでも、まず最初の１歩を踏み出すことからはじめなければなりません。

まずは、小さな1歩からです。さあ、はじめましょう!!

あとがき

今どきの若者に関して、問題点が三つあると思います。

一つめは、ヒヨワであること。二つめは、中身がウスッペラなこと。そして三つめが、幼稚であることです。


この三つは、すべて同じ根っこを持っていると考えられます。

どれも、家庭環境と受けてきた教育によって方向付けされたことです。

まさに、社会が生んだ問題だと言えるでしょう。


80年代、教育の方向性に危機感を抱いた私は、それをなんとか変えようと右往左往していました。

教育関係者や親や地元マスコミ人を集めて、そのことを訴えたりしました。

「このまま進めば、かならず氷山にぶつかる!」と。

だから、「針路を変えるべきだ!」と。

しかし、反応は誰もいっしょでした。

「夢を見ているんじゃないか!?」「現実をちゃんと見つめなさい！」「荒唐無稽《こうとうむけい》だ！」。しまいには「非国民！」とまで言われました。


地元の人々を説得することをあきらめた私は、主旨《しゅし》をレーポートにまとめ、東京に向かいました。たぶん10回は行ったでしょう。

新聞社や雑誌社の編集長や、テレビ局のディレクターをノーアポで訪ね、無理矢理に呼び出しては訴えました。

彼らはさすがに理解はしてくれました。けれど、やっぱり同じ内容の言葉が返ってくるだけでした。

「あなたの主張は分かる。たぶん、そうなるのだろう。でもね、今はまだ何の事件も起こっていないのですよ。だから特番や特集記事を組んでも、誰も見てくれないし、読んでもくれない」

異口同音《いくどうおん》に、そんなことを言われました。

そんな私の訴えにやっと耳を傾けてくれるようになったのは、1997年に「神戸連続児童殺傷事件」いわゆる「酒鬼薔薇事件」が起こってからでした。

警鐘《けいしょう》を鳴らしはじめてから、すでに10年以上の歳月が経過していました。

〝なぜ、コトが起こる前に聞いてくれないのでしょうか⁉〟

それから早20年近くが経ちますが、今もなお教育の方向性は根本的には変わっていません。いったい何件の事件がおこり、いったい何人の子どもや若者が犠牲になったのでしょうか？

大人たちの精神構造は、あの時と全く変わっていないことを思い知らされます。

あの時……70年前の戦争の時代です。同盟国であったイタリアが43年に降伏し、頼みの綱のドイツまでが45年の5月に白旗を掲《かか》げました。

にもかかわらず、当時の大人たちは最後の一人になるまで、つまりこの国が弊《つい》えるまでやめようとしませんでした。

その結果として、ヒロシマとナガサキが想像を絶する悲劇に見舞われてしまいました。

私の故郷も爆撃され、幾多の民間人たちまでもが犠牲になってしまったのです。もしも、5月の時点で方向転換をしていれば……と考えるのは、私だけなのでしょうか？

この半世紀にわたって行なわれてきた教育が変わるには、これから先に、いったい幾つの事件が起こり、いったい何人の命が奪われ、何人の人が苦しみを味わえば良いのでしょうか？

まことに残念ながら、教育の方向性が変わるという気配は、まったく感じられはしません。

だとするならば、私たちの方がそれぞれにガンバって自分自身を変えていくしかないのだと思います。

これは、あなた自身の問題であって、あなただけの問題というわけではありません。社会全体のことでもあるのです。

一人一人が変わらなければ、すなわち、それぞれの人がしっかりとした自分自身の自我を持ち、もっと打たれ強くなろうと努力をしなければ、個々人は無用の人でありつづけるばかりか、この日本という社会自体の存続が危ぶまれるのです。

冒頭。いちばん初めに書いたように、私は**「性格は変えるべきもの」**、いやもっと端的に言うならば**「自らつくりあげていくべきもの」**だと考えています。

もちろん言うまでもなく、両親や先祖から受け継いだ資質は大事にしなければなりません。自分自身の性格や能力に自信を持ち、それを尊重するということも大事なことだと思います。

あくまでも、私のようにそれだけでは過酷な世の中を闘い抜いていけないという場合にかぎられているのかもしれません。

私たち一人一人の存在は、それぞれの人のものであって、また同時にその人だけのものではないと思います。

まず何よりも、与えられたこの命を自分自身の力でよりいっそうの輝きを持たせ、そして一分・一秒でも長く燃焼させつづけるというのが個人個人に与えられた課題でもあると考えています。

生まれながらにして、非の打ちどころのない性格の人というのは、おそらくほとんどいないと思います。

両親から受け継いだものは、良いところもあれば、そうでないところもあるのが普通だと思うのです。

それを、どこまで自分自身の力で改善できるかが、それぞれの**人生の意義であり、責務である**とさえ思っているのです。

とくに今現在みたいな個性を蔑ろにされ潰《つぶ》されるような時代にあっては、個人個人が自らの意志でつくりあげていくしかないと思います。

努力しなければ自然を保全できないのと同様に、努力しなければ自分自身を獲得できない時代に立ち至ってしまっていると痛感しています。

最後に、大好きな映画の中で、私のお気に入りのセリフを紹介しておきます。

主人公の男は、娼婦（売春婦）をしている少女に向かって言います。

"You can be anything you want to be."

「きみは、自分がなりたいと思うどんなものにだってなることができる」

少女は反論します。

「それは、あなたの世界ね。あたしの世界じゃ無理よ」

男は言います。

“Change the world !”

「世界を変えろ！」

そして、この言葉どおりに、男は世界を変えようと、たった一人で大きな敵に立ち向かっていきます。


私はあまり〝ガンバレ〟という言葉は好きではありません。いかにも他人事の響きがありますし、無責任な匂いも感じるからです。

ですが、他の言葉も見つからないので……

ガンバってほしい。やれば、かならずできます!!

そして、**あなた自身の輝く未来をつくりあげてください**

著者紹介

水郷醒河　（みずさと　せいが）

高度成長期に熊本市で生まれる。20代半ばまで演劇活動をしながら世界を見て歩く。映像製作の道を断念した後には20年間、地元の進学塾、専門学校(YMCA)、公務員予備校などで講師を務める。その傍ら、90年代より教育問題について雑誌「AERA」「月刊現代」などで発言。96年には熊本県内初のフリースクールを熊本市内に開設。現在は若者たち（20代～30代）の集まる“フリートーキング・スペース”を運営しながら、教え子たちやニートや非正規社員や正規社員の若者たちと語り合い、悩みを聞き、相談に乗っている。不定期開催の「START・FOR・LIFE」という若者のための勉強会も主催。

著書に「果てしない夢の翼に乗って」（鳥影社）著述に「子ども達はなぜ死に向かうか」(AERA)「なぜ私はフリースクールを開いたか」(現代)

ほんの１ミリの革命

―21世紀を生き残りたい人のために―

2015年9月5日　初版第1刷発行

著　者　水郷醒河

発行者　比留川　洋

発行所　株式会社　本の泉社

〒113-0033　東京都文京区本郷2-25-6

TEL.03-5800-8494　FAX.03-5800-5353

http://www.honnoizumi.co.jp

印　刷　新日本印刷株式会社

製　本　株式会社　村上製本所

ISBN978-4-7807-1240-7 C0036